Geschichten der Weltklasse Miteinander Pioniere

Geschichten, die Herzen zum Lächeln bringen

21 Geschichten geschrieben von
Autorinnen und Autoren der
Weltklasse Miteinander Community

ISBN 978-3-200-09191-7

Geschichten der Weltklasse Miteinander Pioniere

Geschichten, die Herzen zum Lächeln bringen.

Impressum

© 2023 Amelie Arden
1. Auflage
Alle Rechte vorbehalten.

Mitwirkende: Autorinnen und Autoren der Weltklasse Miteinander Community
Herstellung und Verlag: Weltklasse Miteinander Verlag, 8042 Graz
Korrektorat: Esther Holler
Die Autoren übernehmen die Verantwortung über die Fotorechte.
Fotos Amelie Arden und Peter Grüner: Dominik Pfau

Bibliografische Information der Österreichischen Nationalbibliothek:
Die Österreichische Nationalbibliothek verzeichnet diese Publikation in der Österreichischen Nationalbibliografie.

Kontakt: amelie.arden@weltklasse-miteinander.com
Website: www.weltklasse-miteinander.com

ISBN 978-3-200-09191-7

Inhaltsverzeichnis

VORWORT HERMANN SCHERER

Liebe Leserinnen und Leser,

ich freue mich, Ihnen mit großer Begeisterung dieses außergewöhnliche Buch präsentieren zu dürfen, das im "Weltklasse Miteinander"-Verlag erscheint. Es ist ein Werk, das das Herz berührt und die wunderbaren Möglichkeiten des gemeinsamen Handelns und Zusammenwirkens in den Mittelpunkt stellt.

Amelie Arden verkörpert Ideenreichtum, Begeisterungsfähigkeit und Umsetzungskraft, gepaart mit purer Lebensfreude. Mit ihrer außergewöhnlichen Fähigkeit, Menschen für ihre Botschaft des freudvollen Miteinanders zu begeistern, hat sie eine einzigartige Plattform geschaffen.

Im "Weltklasse Miteinander"-Verlag geht es nicht nur um das Teilen von Geschichten, sondern um das Feiern des Menschseins und die Kraft der Verbindung. Die persönlichen Erzählungen, die in diesem Buch vereint sind, erzählen von den Höhen und Tiefen des Lebens, von Triumphen und Herausforderungen, aber vor allem von der grenzenlosen Kraft der Solidarität.

Es sind Herzensgeschichten verschiedener Autoren, die in diesen Seiten zum Leben erweckt werden. Geschichten, die von der inspirierenden Gemeinschaft handeln, von den Menschen, die sich gegenseitig unterstützen und die Welt um sich herum positiv verändern möchten. Indem sie ihre eigenen Erfahrungen teilen, ermutigen sie uns dazu, das Beste in uns selbst zu entdecken und unser eigenes Potenzial zu entfalten.

Tauchen Sie ein in die Vielfalt der Geschichten, die hier erzählt werden. Lassen Sie sich von den Mutmachern und Wegbereitern inspirieren, die ihre Träume verwirklichen und andere darin ermutigen, dasselbe zu tun.

Ich möchte allen Autoren, die ihre Erlebnisse und Gedanken teilen, meinen tiefsten Dank aussprechen. Ihr Mut und Ihre Offenheit bereichern dieses Buch und machen es zu einer Quelle der Inspiration für jeden Leser.

Liebe Leserinnen und Leser, ich wünsche Ihnen eine mitreißende Lektüre und hoffe, dass die Geschichten in diesem Buch Ihr Herz berühren und Sie dazu inspirieren, an die Kraft des Miteinanders zu glauben. Mögen Sie ermutigt werden, Ihre eigenen Träume zu verfolgen und dazu beizutragen, dass unsere Welt zu einem besseren Ort für uns alle wird.

Mit herzlichen Grüßen

Hermann Scherer

WELTKLASSE MITEINANDER EINLEITUNG

 ## Wir schreiben gemeinsam Geschichten und Geschichte

Mit großer Freude möchten wir von Weltklasse Miteinander eine Sammlung von Geschichten präsentieren, die speziell dazu geschaffen wurden, Herzen zum Lächeln zu bringen. In einer Welt, die oft von Hektik, Stress und Herausforderungen geprägt ist, ist es eine wahre Wohltat, Momente der Freude und des Glücks zu erleben.

Die Pionierinnen und Pioniere von Weltklasse Miteinander haben unter dem Titel „Deine Geschichte verändert Dich und die Welt" ihre ganz persönlichen Geschichten geschrieben. Dabei ist eine wunderbare und wertschätzende Community entstanden, die sich mit Ideen und Expertisen unterstützt. Innerhalb eines Jahres sind aus Onlinekontakten Freundschaften entstanden. Bei realen Treffen haben wir Weltklasse Miteinander live gelebt. Die Geschichten dieser mutigen Pioniere entführen uns in eine Welt, in der die kleinen Dinge des Lebens eine große Bedeutung haben. Es sind Geschichten von Liebe, Freundschaft und Mitgefühl, die uns daran erinnern, dass es inmitten aller Widrigkeiten und Schwierigkeiten noch immer Raum für Hoffnung und positive Veränderungen gibt.

Wir hoffen, dass Sie in diesen Geschichten einen Rückzugsort finden, einen Ort, an dem Sie dem Alltag entfliehen können und sich von der Magie der Worte und der Kraft der Emotionen berühren lassen können. Mögen sie Ihnen ein Lächeln auf die Lippen zaubern und Ihr Herz mit Wärme erfüllen. Wir alle haben das Bedürfnis nach solchen Geschichten, die uns daran erinnern, dass es in dieser Welt noch viel Schönheit und Güte gibt.

*Lassen Sie sich von den kleinen Wundern inspirieren und erinnern Sie
sich daran, dass auch Sie die Fähigkeit haben,
die Herzen anderer zum Lächeln zu bringen.*

Weltklasse Miteinander – Es ist wie ein Puzzle

Die Welt ist voller Unterschiede, aber es gibt etwas, das alle Menschen miteinander verbindet: die Sehnsucht nach einem besseren Miteinander, nach einer besseren Welt. Es ist wie ein Puzzle, bei dem jede kleine Komponente einen wichtigen Beitrag leistet.

Auch dieses Buch der Weltklasse Miteinander Pioniere ist solch ein "Puzzleteilchen".

Menschen: Jede einzelne Person auf der Welt hat ihre eigene Geschichte und Persönlichkeit. Diese Vielfalt ist ein wertvolles Gut, das wir schätzen und ehren sollten.

Das Konzept von "Weltklasse Miteinander" beinhaltet die Idee, dass jeder Mensch unabhängig von seiner Herkunft oder Erfahrung einen wertvollen Beitrag leisten kann. Wenn wir beginnen, die individuellen Stärken jedes Einzelnen zu erkennen, zu fördern und wie sie sind aufzunehmen, können wir eine einzigartige und kraftvolle Gemeinschaft bilden, die Geschichten erzählt und Geschichte schreibt.

Orte: Es gibt Orte auf der Welt, die uns sofort ein Gefühl von Kraft, Ruhe und Frieden geben. Diese Orte können uns helfen, unsere Gedanken zu ordnen und uns auf das Wesentliche zu konzentrieren. Sie können uns aber auch inspirieren und unsere Kreativität und Energie freisetzen. Diese Orte sind wichtig, um unseren Akku wieder aufzuladen, damit wir unsere Vision von "Weltklasse Miteinander" weitertragen können. Kennst Du solche Orte? Erzähle uns davon.

Projekte: Es gibt viele soziale Projekte, die auf der Idee von "Weltklasse Miteinander" aufbauen. Wir nennen Sie "Genial Sozial". Diese Projekte zielen darauf ab, positive Veränderungen in der Gemeinschaft zu erreichen und anderen zu helfen. Durch diese Projekte können wir zeigen, dass wir füreinander da sind und unsere Fähigkeiten für eine bessere Welt einsetzen können.

Welches soziale Projekt beeindruckt Dich? Oder bist Du sogar für eines tätig?

"Weltklasse Miteinander" umfasst eine Vielzahl von Themen und Ideen, die alle darauf abzielen, eine bessere Welt zu schaffen. Dazu gehören Themen wie Nachhaltigkeit, Bildung, Gesundheit, Gleichheit und Freiheit.

Wir erzählen unsere ganz persönlichen Geschichten von A wie Angst bis Z wie Zukunft.

Jeder von uns hat seine eigenen Stärken und Fähigkeiten. Wir sollten uns bemühen, unser volles Potenzial auszuschöpfen und unsere Fähigkeiten anderen zur Verfügung zu stellen.

Die wunderbaren Geschichten von Menschen wie Du und Ich ermutigen uns, unsere individuellen Fähigkeiten und Stärken einzusetzen, um eine starke Gemeinschaft des Friedens und der Freude aufzubauen. Einer für alle, alle für einen, haben ja sogar schon die Musketiere gesagt.

Wenn wir die Puzzlestücke zusammenfügen, wird die Vision von einem Weltklasse Miteinander auch Stück für Stück zur Wirklichkeit.

Zusammen können wir großartige Dinge erreichen!

Weltklasse Miteinander und die intensive Verbindung zur Zahl 21

 Warum hat die Zahl „21" für unsere Vision eine besondere Bedeutung? Diese Zahl hat für uns nicht nur eine symbolische, sondern auch eine praktische Bedeutung.

Zunächst einmal: Warum haben wir uns für das Buchformat 21 x 21 entschieden? Wir wollten, dass unser Buch eine einprägsame und besondere Größe hat, die gegenüber anderen Publikationen einzigartig ist. Und die Zahl 21 hat uns sofort gefallen, weil sie für Veränderung und Wachstum steht. Denke nur an das Erreichen der Volljährigkeit, wir alle haben diesen besonderen Tag in unserem Leben erlebt. Für uns bedeutet die Größe des Buches auch ein Symbol für die Offenheit und Neugierde, die notwendig sind, um ein besseres Verständnis füreinander zu entwickeln.

Die Zahl 21 hat jedoch auch eine tiefere Bedeutung. Vor allem in der Esoterik und Numerologie wird sie oft als spirituelle Zahl betrachtet. Für uns hat sie die Bedeutung eines harmonischen, ausgeglichenen Miteinanders. In der Vision von Weltklasse Miteinander geht es darum, ein globales Netzwerk von Menschen und Organisationen zu schaffen, die durch Vertrauen und Zusammenarbeit verbunden sind. Die Zahl 21 erinnert uns daran, dass wir alle Teile dieses ganzen Universums sind und dass wir alle unsere Ziele gemeinsam erreichen können. Genau so, wie wir es schon in der Metapher der Puzzlesteine beschreiben.

Es gibt noch eine weitere, praktische Bedeutung der Zahl 21 für uns. Wir bemühen uns, wichtige Ereignisse und Projekte auf den 21. des Monats zu legen, wann immer dies möglich ist. Das gibt uns ein zusätzliches Ziel und eine Extra-Motivation diese Daten zu nutzen, um unsere Ziele zu erreichen. Es ist ein bisschen wie ein Ritual, das uns daran erinnert, wie wichtig es ist, uns regelmäßig auf unsere Vision und auf unsere gegenseitigen Ziele zu konzentrieren.

Natürlich haben wir auch 21 Geschichten in unsere Pionierausgabe aufgenommen - aber nicht nur weil die Zahl 21 die Basis unserer Vision bildet. Die Geschichten in diesem Buch sind eine Quelle der Inspiration und der Motivation, die Dich zum Handeln anregen werden.

Jede einzelne Geschichte zeigt, dass eine bessere Welt möglich ist und dass jeder von uns einen Unterschied machen kann. Wir haben uns bemüht, eine breite Palette von Erfahrungen und Ideen darzustellen, damit jeder Leser etwas für sich selbst finden kann. Wir erheben keinen Anspruch auf Perfektion. Wir verfolgen die Idee voneinander zu lernen und miteinander zu wachsen.

Zusammenfassend können wir sagen, dass die Zahl 21 für uns bei Weltklasse Miteinander eine besondere Bedeutung hat und dass sie unsere Mission widerspiegelt. Es geht um Zusammenarbeit, Vertrauen und Offenheit, um uns gegenseitig zu unterstützen und unsere Ziele gemeinsam zu erreichen.

Wir glauben, dass auch für Dich die Zahl 21 eine Quelle der Inspiration und der Motivation sein kann – nimm Dir doch die Zeit, um darüber nachzudenken, was auch Du gemeinsam mit anderen erreichen kannst!

Und wenn Du weitere Inspiration benötigst, lies doch unsere Weltklasse Miteinander Beiträge in unseren Büchern und online in unseren Beiträgen auf LinkedIn.

Es wird Dich auf jeden Fall ermutigen, aktiv zu werden. Wir freuen uns auf eine bessere Zukunft, die wir gemeinsam schaffen werden!

Wie eine Vision laufen lernt.

 Die Geschichte des Weltklasse Miteinander Verlages

Am Anfang dieser wunderbaren Ausgabe der Geschichten der Weltklasse Miteinander Pioniere noch ein paar Worte zur Entstehung des Weltklasse Miteinander Verlages.

Es gibt Momente im Leben, die so tiefgründig sind, dass sie unser Dasein verändern können. Für mich war es ein Traum, der mich dazu bewegte, eine einzigartige Vision zu verwirklichen. Eine Vision, die die Welt verändern und Menschen miteinander verbinden sollte. Aus diesem Ursprungsgedanken heraus entstand der Weltklasse Miteinander Verlag.

Der Traum von einer besseren Welt
Die Idee, die hinter dem Weltklasse Miteinander Verlag steht, entstand aus einem Traum. Ich war zu dieser Zeit Geschäftsführerin einer Einrichtung für Menschen mit Behinderung. Eines Abends träumte ich von einer Welt, in der es keinen Hass, keine Gewalt und keine Diskriminierung gab. Eine Welt, in der wir uns gegenseitig unterstützen und füreinander da sind. Dieser Traum bewegte mich so sehr, dass ich ihn unbedingt verwirklichen wollte.

Die Weltformel entdecken
Aus diesem Traum entstand die Idee einer einzigartigen Community, die Menschen aus verschiedenen Ländern, Kulturen und Religionen zusammenbringen sollte. Ich begann, meine Gedanken aufzuschreiben und formulierte sie in einem Vortrag mit dem Titel "Ich habe die Weltformel entdeckt". Ich bin überzeugt davon, dass wir gemeinsam eine Welt erschaffen können, in der Toleranz, Respekt und Liebe herrschen.

Der Weg zum Weltklasse Miteinander Verlag
Im Jahr 2022 entschied ich mich auf der Social Media Business Plattform LinkedIn aktiv zu werden und meine Ideen zu teilen. Schnell fand ich Gleichgesinnte, die meine Vision teilten und sich aktiv an der Umsetzung beteiligten.
Ich gründete den Weltklasse Miteinander Verlag und wir begannen Geschichten aufzuschreiben. Manuela Holike, eine Pionierautorin, formulierte es so wunderbar: „Wir schreiben Geschichten, die Herzen zum Lächeln bringen."

Die Kraft einer einzigartigen Community
Was den Weltklasse Miteinander Verlag so einzigartig macht, ist die Gemeinschaft, die dahintersteht. Wir sind eine Gruppe von Menschen, die sich für ein gemeinsames Ziel einsetzen. Wir unterstützen uns gegenseitig, tauschen Ideen aus und bringen uns in unsere Projekte ein.
Jeder von uns ist ein wichtiger Teil der Community und trägt dazu bei, dass wir unsere Vision verwirklichen können.

Die Kunst des Scheiterns
Auf dem Weg zum Weltklasse Miteinander Verlag habe ich viele Fehler gemacht und auch einige Rückschläge hinnehmen müssen. Ich wollte zu schnell zu viel erreichen und landete deshalb oft auf meinem Allerwertesten. Doch ich habe aus meinen Fehlern gelernt und bin daran gewachsen. Ich habe gelernt, dass es wichtig ist kleine Schritte zu gehen und sich nicht von Rückschlägen entmutigen zu lassen, denn nur so kann man lernen, seine Vision laufen zu lassen.

Dieses erste Buch des Weltklasse Miteinander Verlages zeigt, dass man mit einer Vision und der Kraft einer Community viel erreichen kann. Es geht darum, sich für eine bessere Welt einzusetzen und gemeinsam etwas zu bewegen. Auch wenn der Weg steinig und schwierig ist, lohnt es sich ihn weiterzugehen.

Ich bin dankbar für die Menschen, die mich auf meinem Weg begleiten und freue mich auf viele weitere Menschen, die mit uns Geschichten und Geschichte schreiben.
DU bist von Herzen eingeladen mit deinen Geschichten DABEI zu SEIN!

Amelie Arden

Gründerin des Weltklasse Miteinander Verlages

Kontaktieren Sie mich gerne!

Email: amelie.arden@weltklasse-miteinander.com

<<< Website: www.weltklasse-miteinander.com

LinkedIn: https://www.linkedin.com/in/amelie-arden-weltklasse-miteinander/

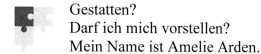 Gestatten?
Darf ich mich vorstellen?
Mein Name ist Amelie Arden.

Ich bin die Gründerin des Weltklasse Miteinander Verlages.

Amelie Arden ist mein Kunstname im Internet, den ich seit der Jahrtausendwende führe. Einige von euch kennen mich auch unter meinem Real-Live-Namen Irene Grüner. Macht euch keine Gedanken, wie ihr mich ansprecht. Beide Namen sind für mich in der Zwischenzeit Real-Live und ich fühle mich gleichermaßen wohl damit. Der eine wurde mir gegeben. Der andere von mir selbst erwählt.

Als Amelie Arden - DIE MUSE - begann meine Berufung, Menschen zu inspirieren.

Ich entdeckte einen roten Faden, der sich durch meine Ausbildungen und meine berufliche Laufbahn zog: Die FÄHIGKEIT MENSCHEN IN IHRE GROSSARTIGKEIT zu bringen und großartige Menschen miteinander zu verbinden.

Daraus entstand 2020, als die Welt gerade beschloss alles Herkömmliche auf den Kopf zu stellen, meine Vision.

WELTKLASSE MITEINANDER!

Zu diesem Zeitpunkt war ich nach 30-jähriger Beratungsarbeit im Sozial- und Gesundheitsbereich gerade Geschäftsführerin einer Einrichtung für Menschen mit Behinderung. Ich durfte jeden Tag Herzenswärme und Dankbarkeit pur erleben. Bevor ich bei meinem Schreibtisch ankam, hatte ich schon eine "Umarmungs-Dusche", die mich erfüllt den Tag beginnen ließ.

Als ich dann 2021 an Grenzen stieß, die mich so forderten, dass ich daran erkrankte, entschloss ich mich zu einer Kündigung. Ich war selbst verwundert, denn meine Kündigung war gereimt geschrieben. War ich schon dem Wahnsinn nahe? Vielleicht. Wie sagt man so schön? Genie und Wahnsinn liegen sehr knapp zusammen. So begab es sich, dass ich jeden Tag eine gereimte Geschichte schrieb.

Das Schreiben wurde mir zur Therapie.
So entstand wie von selbst "Amelies Therapie Poesie".

Als ich erfuhr, dass meine Geschichten nicht "nur" mir halfen, sondern auch andere Menschen abholten, inspirierten und Mut machten, dachte ich nach.

Wie könnte ich meine Geschichten in die Welt bringen?
Ein Buch schreiben?
Würde ich für einzelne Geschichten einen Verlag finden?
Was kostet das wohl alles?
Werden sich überhaupt genug Menschen für mein Geschichten interessieren?
Lässt sich so etwas überhaupt verkaufen?

Fragen über Fragen stellten sich. Schritt für Schritt fand ich Antworten darauf. Zum Jahreswechsel dann kam die entscheidende Verknüpfung all meines Tuns, all meiner Erfahrungen, all meines Wissens und meiner Expertisen.

Nicht nur ich habe vieles an Höhen und Tiefen erlebt.
Nicht nur ich habe höchste Freude und grauenvollen Schmerz erlebt.
Nicht nur ich habe gewonnen und verloren.
Nicht nur ich habe auf meiner Löffel-Liste, ein Buch zu schreiben.

Plötzlich wurde alles SONNENKLAR!

DU & ICH = WIR schreiben GEMEINSAM Geschichten & Geschichte.

WIR bilden eine Gruppe von Menschen, die bewegen.

WIR bilden eine Gruppe von Menschen, die sich in all ihren Facetten zeigt und damit anderen Menschen Mut macht, sich auch in ihre Großartigkeit zu wagen.

Ja, ich weiß, das ist nicht immer leicht. Doch ich durfte von der großartigen spirituellen Lehrerin Kerstin Scherer lernen: *"GEMÜTLICH WIRD DAS GROSSE NICHT VOLLBRACHT"*

Dieser Weisheit füge ich hinzu: Auch wenn es nicht immer gemütlich ist - GEMEINSAM MACHT SPASS UND FREUDE!

In diesem Sinne meine Lieben:

"Packen wir es an, ich freue mich auf alles."

Von Herzen Eure
Irene-Amelie

GENIAL SOZIAL

 Weltklasse Miteinander präsentiert von Herzen „Genial Soziale" Projekte.

In der Pionierausgabe möchte ich die soziale Einrichtung vorstellen, die ich gerade in der Zeit, als sich die Welt auf den Kopf stellte, geschäftsführend leiten durfte.

In der Geschichte „Wenn du liebst was du tust, wirst du nie mehr im Leben arbeiten", beschreibe ich die Herzenswärme, die ich erleben durfte. Hier wurzelte auch die Idee von Weltklasse Miteinander. Ich wollte nicht mehr in Begriffen, wie Inklusion oder Diversität sprechen. Ich hatte das Gefühl, es muss auch einfacher gehen.

Nämlich einfach Miteinander.

So träumte ich von einem Weltklasse Miteinander und erzählte in einer Bereichsleitungsklausur von meiner Vision. Ein Bereichsleiter meinte, dass ich nun wohl schon größenwahnsinnig sei. Müsse es denn gleich Weltklasse sein?

Meine Antwort darauf war aus tiefster Überzeugung: JA!!!

Darauf sagte er: „Dann kannst ja gleich Bürgermeisterin von Minimundus werden".

Zur Erklärung: Minimundus ist die kleine Stadt am österreichischen Wörthersee.
Da sind im Miniformat die Weltwunder und tollsten Bauwerke der Welt nachgebaut.

In diesem Augenblick wusste ich mein Ziel. Weltklasse Miteinander wird einen Platz unter diesen prominenten Vorgaben finden. Ich bin davon überzeugt, dass es an der Zeit ist, die Konversation über Inklusion und Diversität von bloßen Begriffen in die Realität zu bringen.

Meine Vision ist simpel: Wir sollten alle zusammenarbeiten und zusammenleben können, ohne Unterschiede oder Einschränkungen. Diese Vision wurde von Herzen geboren und ich werde meinen Traum nicht aufgeben, bis wir ihn gemeinsam verwirklicht haben.

Ich hoffe, dass wir auch Dich inspirieren können, Deine eigenen Herzensangelegenheiten zu verfolgen und daran zu arbeiten, dass Träume Wirklichkeit werden.

Auf der Website der Lebenshilfe Knittelfeld bekommst Du einen Eindruck von meinem Feeling, über das ich in meiner Geschichte schreibe.

Website: www.lebenshilfe-knittelfeld.at

Und by the way: Es darf natürlich auch gespendet werden!

Steuerlich absetzbar spenden:

Lebenshilfe Knittelfeld
Raiba Aichfeld
IBAN: AT83 3834 6000 0004 4750
BIC: RZSTAT2G346

WENN DU LIEBST, WAS DU TUST...

Geschichte zu „Genial Sozial"

Geschichte 1 - Autorin: Amelie Arden

„Wenn du liebst, was du tust, wirst du nie mehr in deinem Leben arbeiten."

So sagte es angeblich Konfuzius schon zu Urzeiten.

Oder soll ich sagen, eine Arbeit, für die es sich lohnt in der Früh aufzustehen.
So wie der japanische Lebensstil "ikigai" ist zu verstehen.
Mein miracle morning beginnt mit einer Fahrt aus der Stadt hinaus. Die Sonne geht rötend auf
und so beginnt der Tag seinen Lauf.
Hörbücher und Podcasts mir die Fahrt verkürzen
und mit Humor meine Lebensthemen würzen.

Angekommen werde ich herzlich lächelnd begrüßt
und so wird mir schon der morgendliche Start versüßt.
Im Laufe des Tages mit Komplimenten und Umarmungen verwöhnt,
bin ich gleich mit allen Herausforderungen ausgesöhnt.
Herzenswärme und Lebensfreude das Klima in unserem Hause prägt.
So kann ich es auch verkraften, wenn manchmal Alltagskram an meinen Nerven sägt.

Kreativität wird umgesetzt in Holz, Ton und Textil.
Wir schaffen gemeinsam Werke, die haben echt Stil.
Auch für Rasen, Schnee und Sauberkeit,
stehen wir mit unseren Dienstleistungen jederzeit bereit.

Tiere machen unseren Alltag reich.
Sie beleben ganz natürlich unseren Arbeits- und auch Wohnbereich.
Miteinander arbeiten. Miteinander wohnen. Miteinander sein.
Wir treten in neue Dimensionen ein.
Weltklasse Miteinander ist meine Vision
und sind wir ehrlich, wenn wir darauf achten, gibt es sie schon.
Ein achtsamer Umgang, ein füreinander Dasein,
lädt das Glück und die Lebensfreude zu uns ein.

Statt Arbeit nenn ich es Freuden
und möchte keine Minute mehr mit unnötigem Kampf vergeuden.
Lasst uns auf unsere inneren Qualitäten der Herzenswärme und Begeisterung besinnen
und wir können unser freudvolles Leben miteinander zurückgewinnen.
Bedeutet Job, arbeiten und alles geben,
um dann von den verdienten Euros eine abgespaltene Freizeit zu erleben?

Oder kommen wir doch langsam drauf,
Freude zu leben und so zu gehen in unserer Arbeit auf?
Liegen in den Krisen
versteckt doch saftige fruchtbare Wiesen?
Zwei japanische Schriftzeichen für Krise besagen,
dass in allen Krisen auch immer Chancen lagen.

Den Blickwinkel ein wenig ändern. So stell ich mir das vor.
Und sogleich öffnet sich wie ein Wunder ein neues Tor.
Hindurchgehen müssen wir schon selbst und ständig,
denn diese Tore sind sehr rasch auch wieder wendig.
Ignoriert man sie, gehen sie ebenso schnell wieder zu
und man steht wie der Ochs vorm geschlossenen Tor im Nu.

Leben im Augenblick und im Hier und Jetzt,
statt in Angst und Sorge, die uns massive Grenzen setzt.
Blicken wir nach vorne und nicht zurück,
so weisen sich die Lösungen wie von selbst für das nächste Stück.
Im finsteren Tunnel und ohne Sicht
kommen wir beim Durchwandern doch immer ans Licht.

Verharren darin, davor warne ich klar,
birgt aus meiner Sicht die größte Gefahr.
Aufstehen, Krone richten und weitergehen,
das ist königliches Handeln und Verstehen.
Egal was uns beschäftigt und plagt,
die Änderung des Blickwinkels ist es, die uns die Lösung sagt.

Meist ist diese Stimme sehr leise,
doch, wenn wir auf sie hören, unendlich weise.

Ute Gütschow

Viele Menschen schätzen meine Beharrlichkeit und Durchhaltekraft. Mein Leben war von Schicksalsschlägen beeinflusst, meine Möglichkeiten begrenzt. 2017 erfüllte ich mir einen Traum und zog mit meinem Mann an den Alpenrand.

Glück, Zufriedenheit und mentale Stärke änderten mein Leben.
Mit 55 kündigte ich meinen hochdotierten Job und gründete mein Beratungsbusiness. Tragfähige Beziehungen aufzubauen und Wertschätzung zu leben, bringen seitdem mein Leben und das meiner Kunden auf ein neues Level.

Kontaktieren Sie mich gerne!

Email: mail@ute-guetschow.de

Website: www.ute-guetschow.de

<<< LinkedIn: https://www.linkedin.com/in/ute-gütschow/

TRÄUME KENNEN KEINE ALTERSBEGRENZUNG

Geschichte 2 – Autorin: Ute Gütschow

Warum Du Deiner inneren Stimme immer vertrauen kannst...
Es war einmal … so begannen die Märchen meiner Kindertage.

Und genauso beginnt meine kleine, wahre Geschichte. Es war einmal ein kleines Mädchen, das davon träumte, auf der Bühne zu stehen und das Publikum mit ihrem Gesang zu verzaubern. Dieses kleine Mädchen war ich. Schon als Kind zog mich die Bühne an wie Motten das Licht. Und so kam es, dass ich im Kinderchor sang und später auch „im großen" Chor. Ich war fasziniert vom Zauber der Musik und von der besonderen Atmosphäre, die ein Bühnenauftritt mit sich bringt. Ob Popmusik, Schlager, Musical und sogar Operette und Oper – mir gefiel alles.
Jede Richtung hat ihren besonderen Reiz.

Ich liebte es, mich zu verkleiden und später als Teenie entsprechend der Musikrichtung ganze Choreographien zusammen mit meinen besten Freundinnen einzustudieren. Ute Lemper und Liza Minelli waren die ganz großen Stars und meine Vorbilder am Burlesque-Himmel.
Ich nutzte jede kleinste Gelegenheit, um auf der Bühne zu stehen – selbst wenn ich nur ein Gedicht aufsagen durfte. Meiner Mutter blieb meine Leidenschaft natürlich nicht verborgen. Doch das Geld war viel zu knapp, um mich zu fördern. Trotzdem wollte sie mir eine Freude machen und schenkte mir eines Tages eine Gitarre.

Ich war inzwischen 15 Jahre alt. Der innere Drang mir meinen Wunsch zu erfüllen und Sängerin zu werden, wurde damit noch größer. Doch wie sollte ich es lernen ohne Unterricht? Schnell ward eine Lösung gefunden. Ich half älteren Menschen aus der Nachbarschaft und verdiente mir damit ein paar Mark. So wurde es möglich, Gitarrenunterricht zu nehmen – selbst finanziert.

Niemals werde ich die Abende am Lagerfeuer vergessen, an denen ich vielen Menschen eine Freude machte, als ich sang und mich selbst mit der Gitarre begleitete. Es folgten ein paar Bühnenauftritte bei Volksfesten oder zusammen mit dem Chor, wo man mir erlaubte, den Gesang mit der Gitarre zu begleiten.

Doch dann – als ich gerade das Gefühl hatte, das aus dem kleinen Samenkörnchen, das ich in die Erde gesteckt hatte, ein kleines Pflänzchen werden würde, kam der ganz große Schock: Meine Stimme blieb weg. Es wurde immer schlimmer. So sehr, dass ich eines Tages gar nicht mehr sprechen konnte. Der HNO diagnostizierte Stimmbandknötchen verbunden mit einer heftigen Kehlkopfentzündung. Es begann eine lange Therapie, in der ich nicht mehr reden durfte – auch als ich es schon wieder gekonnt hätte. Ganz langsam sollte ich lernen, meine Stimmbänder nicht mehr so zu belasten und die Töne weicher herauszulassen. Zu singen wurde mir komplett verboten. Ich war am Boden und todunglücklich. Und trotz der Therapie bekam ich es nie wirklich hin, völlig anders zu sprechen. Die Stimmbandknötchen kamen immer wieder zurück. Nach ein paar Tönen Gesang tat es weh und ich hörte mich blechern und kratzig an.

Leider wusste ich damals noch nichts von Mindset und solchen „Regelbrüchen", die es möglich machen, vorgegebene Grenzen zu überwinden. Es gab auch niemanden in meinem Umkreis, der mir Mut machte und sagte: „Nimm Gesangsunterricht. Du schaffst das trotzdem, wenn du es wirklich willst. Bonnie Tyler hat's doch vorgemacht." Im Gegenteil, alle sagten: „Such Dir ein anderes Hobby. Hör auf die Therapeuten und Ärzte und lass das mit dem Singen mal lieber sein."
Und so kam es, dass ich diesen Traum losließ und „beerdigte".

Doch innerlich war der Drang zur Bühne immer da. So stand ich bereits im Karneval in der Bütt und hielt „närrische" Reden, wurde Hobbyschauspielerin im Theaterverein und besuchte Rhetorik-Seminare bei bekannten Speakern wie Mathias Pöhm oder Hermann Scherer, um Business-Reden halten zu können.

Heute weiß ich, dass das alles eine Art Ersatz war für das, was mir entgangen ist.

Mit dem heutigen Wissen, das ich inzwischen auf dem Gebiet der Persönlichkeitsentwicklung erworben habe, ist mir klar, dass es immer einen Weg gibt, wenn man etwas wirklich wirklich will und fest daran glaubt.

Und auch, dass es nie – wirklich nie - zu spät ist, damit anzufangen.
Auch wenn aus mir keine gefeierte Sängerin mehr wird, habe ich inzwischen doch meinen Weg gefunden auf der Bühne zu stehen. Das Beste daran ist, dass ich mir meine eigene Bühne geschaffen habe. Mit meiner Live-Sendung „Menschen auf LinkedIn" darf ich meine Fähigkeiten als Moderatorin ausleben und gleichzeitig andere ins Licht stellen und auch ihnen eine Bühne geben.

Inzwischen kam noch ein total geniales Eventformat hinzu. #Der CatchUpCall – ein Expertenformat für den Mittelstand, das ich mit einem Business-Partner in großem Stil ins Leben gerufen habe und das sowohl von den Fachexperten als auch den Zuschauern gebührend gefeiert wird.

Auch wenn es mir anfangs gar nicht so bewusst war, weiß ich jetzt, dass mein Traum aus meinen Kindertagen nun endlich in Erfüllung geht.
Ich bin mir ganz sicher, dass das erst der Anfang ist und daraus etwas richtig Großes wird.

Etwas, das mich nicht als Sängerin aber als Moderatorin oder Speakerin auch auf die großen Bühnen bringen wird. Und so endet meine Geschichte mit einem eigenen Zitat:

„Glaube an Dich selbst, vertraue auf Deine Stärken und halte an Deinen Zielen fest, egal, welche Steine Du aus dem Weg räumen musst."

GEDANKENWELLE

Christa Kainz

ist Unternehmerin, Coach und Kommunikationstrainerin. Sie absolvierte ein Coaching-Studium, zudem als Spätberufene ein Germanistik- und Geschichte Studium.

Sie ist Gründerin der Unternehmen „Kim & Tim", „Kids Corner" und „Gedankenwelle". Ihre Passion ist das Sprachspiel Wörter so stark wie einen Espresso zu machen, Auftritte mit Impact zu erzielen und die Knoten „negativer Glaubenssätze" zu lösen, damit Segel gesetzt werden können. Nie aufgeben, immer wieder aufstehen und weitergehen!

Kontaktieren Sie mich gerne!

Email: office@christakainz.com

<<<< Website: www.gedankenwelle.at

LinkedIn: www.linkedin.com/in/christakainzgedankenwelle/

DIE SEGEL SETZEN, DEM GEGENWIND TROTZEN!

Geschichte 3 – Autorin: Christa Kainz

 Wendepunkt - ein Punkt der Veränderung

Wie oft habe ich gehört:
Du musst! Du sollst!
Du kannst das nicht!
Du willst das erreichen?

In welches Familiennest man hineingeboren wird, kann man sich nicht aussuchen. Mein Rüstzeug für das Leben war mager und alles, was ein Kind bräuchte, um Persönlichkeit zu entwickeln, war in meinem Leben Mangelware. Förderung des Potenzials ein Fremdwort. Was soll aus solch einem Kind doch werden?

Der Gegenwind und so manche Widrigkeit waren Bestandteil meines Lebens!
Sollten diese ein Hindernis darstellen?
Ist das wirklich so?
Sind wir nicht immer im Leben aufgerufen kritisch zu hinterfragen?
Entspricht so mancher Gedanke überhaupt der Realität?

Und wenn, stellt sich die Frage, wessen Realität es ist. Kann aus eigener Kraft Veränderung eintreten? Ich spürte in meinem Inneren immer mein Anderssein, aber ich versuchte es zu verdrängen, weil das Annehmen so schwierig, das Ausleben unmöglich war. Ich fühlte mich gefangen. Sind es einfach nur Fesseln, die andere mir angelegt haben, um mich zu hindern in See zu stechen? Es stellt sich die Frage, warum legen Menschen anderen Fesseln an? Viel wichtiger ist jedoch die Frage, warum lassen wir uns überhaupt Fesseln anlegen?

Der Lebens-Rucksack gefüllt mit negativen Glaubenssätzen, uns allen wohl bekannt, schwer wie ein Mühlenstein, drückt auf die Seele und das Herz. Ein Hindernis im wahrsten Sinne des Wortes, denn er verhindert Persönlichkeitsentwicklung und das Wachstum des Seins, das Wachstum, das für uns bestimmt ist. Die Sehnsucht Glück und Erfolg zu erleben, brannte wie ein Lagerfeuer in mir.

Mein Ansinnen war der Glaube daran, wenn ich in Anpassung leben würde, so sein würde, wie die anderen mich haben wollten, dann wären mir Liebe und Glück, ja sogar ein wenig Erfolg beschert. Wir wissen alle, dass dies nicht so funktioniert. Bittersüß sollte dieser Glaube meine nächsten Jahre prägen. Denn ich habe mich verloren, so manche Maske getragen – wozu? Leider wissen wir oft nicht, warum Dinge geschehen, erkennen oft den tieferen Sinn nicht in diesem Augenblick. Wenngleich er gegeben ist und sich wie ein Geheimnis darstellt, zeigt sich dieser zur rechten Zeit. Mentoren sind Wegbegleiter auf unserem Lebensweg, ihnen ist es oft möglich Lücken und Defizite aus der Kindheit zu erkennen und zu füllen, sind Lichtblicke in der Dunkelheit. Widrigkeiten waren derer genügend in meinem Leben.
Sollte ich es wagen noch einmal die Segel zu setzen, zu neuen Ufern aufzubrechen?

Wendepunkt - der Punkt, an dem eine Veränderung eintritt.

In jedem Leben gibt es Stürme. Die Wellen schlagen hoch. Man hat das Gefühl sie überschwemmen, nein sie verschlingen einen. Warum lassen wir uns aufhalten? Wem geben wir das Recht uns aufzuhalten? Wem geben wir das Recht uns zu beurteilen, zu verurteilen? Ich ließ mich viel zu oft aufhalten, viel zu oft ver- und beurteilen. Jetzt nicht mehr. Die Widrigkeiten wollte ich überwinden, ihnen trotzen und die Segel setzen. Was bedeutet schon Sicherheit? Wenn in dir die Sehnsucht nach Glücklichsein, die Gewissheit und das Verlangen nach Veränderung zu spüren ist, dann einfach die Segel setzen, das Schiff auf Fahrt bringen, denn nur so erreicht man neue Ufer. Ich wagte den Schritt in die Selbständigkeit und ich war mir bewusst auf der richtigen Fahrt zu sein. Die Neugierde Grenzen auszuloten und zu überschreiten war enorm. Trotz aller widrigen Lebensumstände. Wer hätte es gedacht, wieder setzte ich meine Segel neu, erfüllte mir einen Traum. Ein Coaching-Studium und ein Lehramts-Studium der Germanistik & Geschichte.

Diese ermöglichten mir das Eintauchen in die Bildungswelt. Es war eine interessante und spannende, wenngleich auch eine raue und stürmische Fahrt. Ich fühlte ein neues Lebensgefühl, ein Gefühl von Freiheit. Der Wind des Mutes, der Geduld, gepaart mit enormem Durchhaltevermögen brachte den Erfolg. Segel setzen und das Schiff auf Fahrt bringen, bedeutet Arbeit, viel Arbeit. Selbst und ständig arbeitete ich an meinem Business und an mir.

Wendepunkt
Die nächste Widrigkeit lauerte schon in dieser Welt. Die Pandemie - Was jetzt?

Das war die große Frage. Wieder einmal war eine Krise eine Chance, gleichzeitig eine enorme Herausforderung, um das Leben neu zu gestalten. Grenzen wollten überschritten werden. Mit kleinen und sehr unsicheren Schritten lernte ich mich in der Social Media Welt zu bewegen. Es hieß also wieder einmal – neue Segel setzen und volle Fahrt voraus. Auf dieser Fahrt durfte ich das erste Mal nach langer Zeit wieder viele hervorragende und liebenswerte Mentoren und Wegbegleiter kennenlernen. Menschen, die erkannten, wer ich bin, wer ich sein kann. Das Anderssein wurde nun zur Gabe, zu meiner Persönlichkeitsfacette, zu einem Geschenk.

Mein Wendepunkt – mich annehmen! Ein Leben in Freiheit, mit Leichtigkeit und Erfolg ist für uns alle möglich! Setz deine Segel, wann immer du kannst, und finde Weggefährten, Gleichgesinnte, die dich verstehen und dich bereichern, damit dein Wendepunkt im Leben kommen darf.

Wendepunkt- ein Zeitpunkt der Veränderung – die Segel setzen
und volle Fahrt voraus.

ALEXANDER NIGGEMANN

ALEXANDER NIGGEMANN

Experte für frische Unternehmenswerte

Ich bin Alexander Niggemann, ein studierter Wirtschaftswissenschaftler und Unternehmer. Mit dem LinkedIn Live Business Event #CatchUpCall und dem Business-Event „Unternehmenswerte frisch geröstet" sowie als Podcaster setze ich neue Impulse in der Welt und Wirtschaft. Als Autor und Speaker habe ich bereits viele Awards gewonnen. Ich begleite und unterstützte Unternehmer in meiner Masterclass mit meiner 5-B-Strategie und echten Werten erfolgreich dabei, ihre Ideen und Ziele zu verwirklichen.

Kontaktieren Sie mich gerne!

Email: info@alexanderniggemann.com

<<< Website: www.alexanderniggemann.com

MEINE REISE ZU MEINEN WUNDERWERTEN

Geschichte 4 – Autor: Alexander Niggemann

 „Wie ich Liebe, Freiheit und Dankbarkeit in mein Leben integrierte und das Beste aus meinen Erfahrungen machte"

Bis Ende 2020 hatte ich häufig das Gefühl, dass in meinem Berufsleben etwas Entscheidendes fehlte. Ich verspürte ungewollte Abhängigkeiten und hatte immer mehr den Eindruck, dass ich mich von meinen wahren Werten weiter entfernte. Damit begann auch der negative Einfluss auf das Privatleben überzugehen. Daher musste ich eine Entscheidung treffen und fing an, diesen Kreislauf aus Gewohnheiten und Mühlen zu hinterfragen und schließlich zu durchbrechen. Es war an der Zeit mich endlich von meinen wahren Werten leiten zu lassen. Dabei stellte sich heraus, dass ich im privaten Bereich bereits ein sehr reicher und glücklicher Mensch war, ich mich im beruflichen Leben dagegen auf die Suche nach dem machen musste, was mich zu einem ganzheitlich glücklichen und erfüllten Leben führen würde.

Zu meiner Überraschung entdeckte ich, dass ich die Antworten auf meine Fragen bereits die ganze Zeit in mir trug - es waren Werte wie Liebe, Freiheit und Dankbarkeit, die ich in meinem Leben suchte. Ich realisierte, dass ich mich von den negativen Einflüssen meines Umfeldes hatte beeinflussen lassen und dass ich selbst die Verantwortung trug, meine eigenen Wünsche und Träume zu verwirklichen. Aus diesem Grund beschloss ich, mein Leben an den richtigen Dreh- und Angelpunkten zu verändern und meine unternehmerischen Fähigkeiten zu nutzen, um meine persönlichen Werte in meine Arbeit zu integrieren.

Zusammen mit meiner Frau besuchte ich Kurse, um mehr über innere Zufriedenheit zu erfahren. Diese Reise ließ mich neue Menschen kennenlernen, sodass sich unweigerlich auch mein Netzwerk zu verändern begann. All dies führte mich schließlich zu der Erkenntnis, dass es möglich war, meine persönlichen Werte in meine Produkte und Dienstleistungen zu übernehmen. Diese Erfahrung veränderte mein Leben vollständig.

Ich entwickelte den Event "Unternehmenswerte frisch geröstet" und als Unternehmer habe ich seitdem immer wieder Werte in meine Produkte und Dienstleistungen eingebunden. Diese Erkenntnis führte mich zu der Überlegung, dass ich dasselbe auch mit anderen Produkten und Leistungen tun konnte.

So entstand auch unser LinkedIn Live-Event #CatchUpCall mit Ute Gütschow, bei dem es auch darum geht, wie man seine persönlichen Werte in seine Rede einbringen kann und in nur 5 Minuten auf den Punkt einen Wow-Effekt erzeugt.

Heute bin ich glücklich und erfüllt und teile meine Erfahrungen und mein Wissen gern mit anderen Menschen. Ich bin dankbar für die Herausforderungen, die mich zu diesem Punkt geführt haben, denn sie haben mich zu einem besseren Menschen gemacht. Ich hoffe, dass auch andere von meiner Geschichte profitieren und erkennen, dass es nie zu spät ist, sein Leben in die Hand zu nehmen und seine Träume zu verwirklichen.

Durch die Verbindung meiner Werte mit meiner Arbeit fühle ich mich jetzt viel erfüllter und glücklicher. Über drei meiner liebsten WunderWerte - Liebe, Freiheit und Dankbarkeit – möchte ich hier schreiben.

Liebe, Freiheit und Dankbarkeit sind unglaublich wunderbare Werte, die das Leben bereichern und uns helfen, das Beste aus unseren Erfahrungen zu machen. Die Liebe bringt uns in Verbindung mit anderen Menschen und ermöglicht uns, tiefe und bedeutungsvolle Beziehungen aufzubauen.

Durch die Freiheit haben wir die Möglichkeit, unsere eigenen Entscheidungen zu treffen und unser Leben nach unseren Wünschen und Träumen zu gestalten.

Und Dankbarkeit hilft uns, das Gute in unserem Leben zu schätzen und zu würdigen, auch wenn wir mit Herausforderungen konfrontiert sind.

Um die Kraft dieser Werte zu nutzen, ist es wichtig, uns bewusst mit ihnen zu beschäftigen und sie in unseren täglichen Handlungen umzusetzen. Wir können uns dafür entscheiden, jeden Tag ein paar Minuten innezuhalten und uns für die Dinge zu bedanken, die wir im Leben haben.

Wir können uns Zeit nehmen, um unsere Beziehungen zu pflegen und anderen Menschen mit Liebe und Verständnis zu begegnen. Und wir können uns die Freiheit nehmen, Entscheidungen zu treffen, die uns glücklich machen, auch wenn sie uns aus unserer Komfortzone führen. Indem wir uns mit diesen Werten beschäftigen, können wir ein erfüllteres und glücklicheres Leben führen. Es ist nie zu spät, damit zu beginnen. Also lass uns heute damit beginnen, uns für die Dinge zu bedanken, die wir haben, unsere Beziehungen zu pflegen und Entscheidungen zu treffen, die uns glücklich machen.

Denn das Leben ist kurz! Also lege nun los, gestalte es nach Deinen Wünschen und Träumen.

Erlebe die Magie des Lebens, indem Du die Werte für Dich entdeckst. Tauche ein in eine Welt voller Inspiration und Motivation und lerne, wie Du Dein Leben mit Liebe, Freiheit und Dankbarkeit bereichern kannst. Lass Dich von meinem nächsten Buch mit 55 WunderWerten begeistern und entdecke die Schätze, die in Dir schlummern.

Werde Teil einer Bewegung, die zeigt, dass es möglich ist, glücklich und erfüllt zu leben – jetzt!

Herzliche Grüße
Dein Alexander

Ich widme diese Geschichte meiner Frau und meinem Sohn.

GREEN GROUP
AG Liechtenstein

AMELIE ARDEN & PETER GRÜNER

Obwohl sie in vielerlei Hinsicht unterschiedlich sind, ergänzen sich Amelie und Peter auf wunderbare Weise. Sie gehen gemeinsam durch alle Höhen und Tiefen des Lebens und sie teilen ihre Träume, ermutigen einander und feiern gemeinsam Erfolge. Weltklasse Miteinander entstand aus dem Zusammenwirken dieser gepaarten Kräfte.

Kontaktieren Sie Peter Grüner gerne!

Email: peter.gruener@green-group.li

<<< Website: www.green-group.li

LinkedIn: https://www.linkedin.com/in/peter-grüner/

CABRIOTRÄUME WEIBLICH - MÄNNLICH

Geschichte 5 – Autoren: Amelie Arden & Peter Grüner

Cabrio Traum weiblich

Als Teenager hab ich es mir schon vorgestellt,
mit einem Cabrio zu cruisen durch die Welt.
Doch zuerst mal eine Familienkutsche bestellt,
in die man Kinderwagen und sonstiges Zeug reinstellt.

Ein Van kann viele Sachen,
nur eben nicht das Dach aufmachen.
Doch das erledigte im Winter,
eine Dachlawine gleich geschwinder.

Das hohe Auto war flach wie ein Ferrari,
in der Familienkassa wurden wir auch gleich bari.
Den Vorteil, den ich darin sah,
der Hagelschaden vom Sommer auch nicht mehr wichtig war.

Irgendwann brauchten wir kein Auto mehr mit so viel Raum,
da schlich sich wieder ein mein Teenager-Traum.
Mit einem schnuckligen Cabrio in Britisch racing-green,
wurde ich über Nacht zur Queen.

Meine pubertierende Tochter fand das gar nicht tricky,
sie wollte keine Mutter als Schickimicki.
Dann prägte sie den Satz,
in diesem Auto hat doch keiner Platz.

Mein Schatz, das ist MEIN Auto ganz allein
und will deine Freundin mit, dann klemmt sie sich halt hinten rein.
Nun gut, es soll ja niemand leiden.
Ich schlage vor, die Freundin soll über ihre Mitfahrt selbst entscheiden.

Diese kniet sich fast vors Auto nieder und verkündet dann:
„Da würd ich ja sogar dafür bezahlen, dass ich mitfahren kann."
Dazu kam da noch mein Mann,
der kein Auto, wo nicht BMW drauf steht, fahren kann.

Er klebte über das Wappen von Roland Garrot,
ein BMW Markenpickerl über den Peugeot.
Ein Cabrio zu fahren bringt viel Schönes ins Leben,
am wunderbarsten ist es jedoch, das Staunen immer wieder in den Kinderaugen zu sehen.

Da gibt es Ausrufe wie „schau Mama ein Cabriolet!".
Andere Kinder kommen wieder zu einer ganz anderen Idee.
Auf meine Freundin wartend steh ich vor einem Schranken,
daneben parkt ein Auto mit zwei entzückend kleinen Ranken.

Einer davon schaute mit entzückten Blicken,
welche Marke hat das tolle Auto da drauf picken.
Und sagt zu seinem Vater froh:
„schau Papa so ein tolles BMW Cabrio!"

In einem Peugeot einen BMW zu sehen,
lässt meinem Mann die Haare zu Berge stehen.
Doch, dies hat er nicht bedacht,
dass er selbst hat die Verwechslung verursacht.

Irgendwann ich der Vernunft dann lausche
und mein Cabrio gegen ein Elektroauto tausche.
Das hat auch so manch Vorteil,
wenn ich damit in die Stadt eil.

Denn zahlen muss ich keine Parkgebühren
und die Benzinpreise mich auch nicht mehr berühren.
Aber ich sage euch ganz ehrlich,
mit offenem Verdeck zu fahren ist einfach herrlich.

Jetzt fang ich wieder an zu wanken,
in meinem Kopf reifen die Gedanken.
Ich bin in einem Alter, wo jedenfalls im Zentrum stehen muss,
die Lebensfreude und der Genuss.

Cruisen mit offenem Verdeck möchte ich wieder
und singen dabei „Mama Mia"- Lieder.
Gemeinsam nun mit meinem Mann damit auf Reisen gehen.
So muss es wohl ein BMW sein, das muss auch ich verstehen.

Diesmal ein roter in der Farbe meiner Fingernägel,
das schraubt dann auch gleich rauf den Spaßfaktor-Pegel.
Über den PS-Pegel, zumindest meinen,
müssen mein Mann und ich uns wohl erst einen.

Freude zu ziehen aus Speed,
ist noch nicht wirklich mein Retreat.

Cabrio Traum männlich

Von Kindesbeinen an wusste ich,

dass irgendwann ich mal schönstens wohne,
ein Auto besitze oben ohne.
Auch ausreichend bin reich
für einen eigenen Teich.

Rückschläge werden ignoriert,
weil durch Klagen nichts passiert.
Und statt lange aufgemuckt
wieder in die Hände gespuckt.

Und so vergeht Jahr um Jahr,
bis es endlich so weit war.
So manches Hindernis da lauert,
darum hat es ein wenig gedauert.

Doch jetzt kann ich mich erfreuen
an dem Cabrio dem neuen.
Mein Herz den BMW ergreift,
weil dieser technisch ausgereift.

Die Farbe mich auch entzückt
und 380 PS, das ist verrückt.
Zu viel davon gar nie sein kann,
bestätigt wohl jeder Grüner Mann.

Werd dann ich in den Sitz gedrückt,
meine Autofahrerseele ist beglückt.
Ein feines Gefühl sich ausbreitet,
vor Freude sich die Pupille weitet.

So freu ich mich auf jede Stunde,
meldet ein Hoch die Wetterkunde.
Das einzig Dumme an der Sache ist,
bei Sonnenschein steht überall ein Polizist.

Deshalb vom Speed ja nicht zu viel,
sonst wird´s auf Zeit ein teures Spiel.

HIER KÖNNTE DEINE GESCHICHTE STEHEN!

Kontaktiere uns dazu gerne!

Email: amelie.arden@weltklasse-miteinander.com

<<< Website: www.weltklasse-miteinander.com

DOMINIK MANDL

Als Autor aus Graz folge ich meiner Leidenschaft für das Reisen und die Entdeckung der Geheimnisse des Lebens. Nach meiner Ausbildung zum Tourismuskaufmann habe ich vielseitige Erfahrungen in der Hotel- und Gastronomiebranche gesammelt. Die Fahrradtour, die ich unternommen habe, war der Anstoß für meine zukünftige Reisefreude.

In meinen Geschichten gebe ich Einblicke in faszinierende Welten abseits des Alltags, in denen Freiheit erkundet wird. Tauche ein in meine Erzählungen und lasse dich von der Suche nach Träumen und der Lust auf Abenteuer inspirieren.

Kontaktieren Sie mich gerne!

Email: dominik.johannes.mandl@gmail.com

LinkedIn: www.linkedin.com/in/dominik-mandl-story/

ÜBER PERSÖNLICHE GRENZEN GESCHUBST

Geschichte 6 – Autor: Dominik Mandl

 Eine Geschichte über das Ausbrechen aus dem Alltag, das Austesten persönlicher Grenzen, Freiheit und die jugendlichen Suche nach den eigenen Träumen - den Grundstein für all meine zukünftigen Reisen.

Geschubst:
„Ich werde ausziehen", kamen die Worte zögerlich aus meinem besten Freund und Mitbewohner. Sie trafen mich nicht plötzlich, nur unvorbereitet.

„Was werde ich dann tun?"

Oft bekommen wir diese Schubser, die uns automatisch aus unserer Komfortzone stoßen - dorthin, wo unsere Ideen Raum erhalten sich zu entfalten. In mir reifte der Plan, meine Grenzen auszutesten und eine Fahrradtour zu machen.

Verträumter Sommer: Die folgenden Wochen verbrachte ich träumend, Pläne schmiedend. Voller Euphorie kaufte ich mein erstes Fahrrad.

Erste Ausfahrt:
Ziel: Wien - Bratislava.

Sie sollte mich sofort auf die Probe stellen und mir aufzeigen, was ich mir vorgenommen hatte. Auf der Hälfte der Strecke, als meine Wasser-Vorräte fast aufgebraucht waren, machte ich die Entdeckung: Ich hatte das Geld zuhause vergessen.

Also beschloss ich umzukehren und meine restlichen Vorräte für die Rückfahrt zu nutzen. Der Sonnenuntergang über der Donau erfüllte mich mit dem Gefühl, das ich auf meiner großen Tour suchen wollte: Glück.

Völlig ausgepowert erreichte ich mein Zuhause und meine Pläne fühlten sich bestätigt. Es war ein schönes Gefühl, sich ins Bett zu legen, jeden Muskel zu spüren, den Tag zu reflektieren und entspannt einzuschlafen.

Je näher meine Abreise rückte, desto mehr wurde meine Zielstrebigkeit auf die Probe gestellt. Die Sorgen meiner Familie ließen mich zweifeln. Nach Tagen des gedanklichen Stillstands beschloss ich endgültig meiner Intuition zu folgen. Ich kaufte ein Zelt, Fahrradtaschen, einen Schlafsack und packte meinen Rucksack.

Der Aufbruch:
Vollgepackt schwang ich mich zum ersten Mal auf mein Fahrrad und musste mich konzentrieren, um nicht im Stehen das Gleichgewicht zu verlieren. Und los. Die ersten Meter fühlten sich aufregend an, ganz anders als alles, was ich bisher kannte. Beim ersten kleinen Anstieg kamen die ersten Zweifel, wie ich es jemals bis nach Rom schaffen sollte…

Bei der ersten Abfahrt, vollstes Adrenalin spürend, fühlte ich mich, als wäre Rom nur der Anfang.

Mir und meinem Fahrrad sollte die Welt gehören…

Die Zeichen auf Reisen:

Ankunft in Villach, die erste Etappe geschafft. Um meine Familie zu beruhigen, sah mein Plan vor, die Gebirge zwischen Italien und Österreich mit Hilfe eines Zuges zu überwinden. Mittagsstunden, traumhaftes Wetter. Sobald ich mein Fahrrad geparkt hatte, breitete sich in mir das wunderschöne Gefühl des Reisens aus. Vor einer Kirche, die herbstliche Oktobersonne genießend, grinsend und zuversichtlich, erlebte ich den ersten Tag meines Abenteuers.

Plötzlich wehte es einer in der Nähe sitzenden Frau ein paar Kärtchen auf den Boden. Ich half ihr, diese aufzuheben. Als Dank überreichte sie mir eines der Kärtchen und wünschte mir ein erfülltes Leben.

Die Karte zeigte eine Statue von Franz von Assisi. Ich bemerkte, dass ich die letzten Minuten genau vor dieser Statue gesessen hatte.

Ich war tief berührt, denn eines meiner Ziele dieser Reise sollte Assisi sein - ein Ort, an dem mein Vater Momente tiefer Spiritualität erfahren durfte.

Von diesem Zeichen bestärkt erkundete ich Villach. Zum ersten Mal seit Wochen hörte ich auf zu denken.

Jetzt folgte ich meiner Intuition, hinaus aus der Komfortzone.

sonja connert-weiss
CONSULTING

SONJA CONNERT-WEISS

In meinem Leben gab es wertvolle Begegnungen mit Menschen, die „anders" sind.
Ich kenne ihre Gefühle, Sorgen und Ängste.

Mit meiner Empathie und meinen feinen Antennen finde ich schnell Zugang zu ihnen.
Menschen mit persönlichen Handicaps oder Behinderungen mit der Arbeitswelt zusammenzubringen erfüllt mich besonders. So entstand mein eigenes Business. Ich agiere als Mentorin und kommuniziere gerne erfrischend anders. Als echte Macherin engagiere ich mich für eine vielfältige, gesunde und nachhaltige Lebenswelt.

Kontaktieren Sie mich gerne!

Email: info@connert-weiss.consulting

<<< Website: www.connert-weiss-consulting.de

MENSCHEN FASZINIEREN

Geschichte 7 – Autorin: Sonja Connert-Weiss

 In einem kleinen Dorf im Hohenlohekreis hüpfte ein kleines Mädchen oft neugierig und strahlend durch die Gegend.

Ihre Heimat war das ortsansässige Landgasthaus mit vielen offenen Türen, in das viele Menschen aus der Gegend zum gegenseitigen Austausch kamen und so manch großartige Idee auf einem Bierdeckel entstanden ist. Manchmal kamen auch norwegische, amerikanische und italienische Gäste. Menschen aus aller Welt, die auf der Suche nach ihren Ursprungswurzeln waren oder zum Arbeiten, Erholen und Ausruhen kamen. Dieses neugierige kleine Mädchen hörte bei den unterschiedlichsten Menschen gerne hin, stellte viele Fragen und träumte nachts von der faszinierenden, großen, weiten Welt.

Sie hatte viele Begegnungen mit Menschen der besonderen Art:

* eine beste Kindergartenfreundin mit Hörbehinderung, mit der die geheime Zeichensprache und das Lippenablesen besonders viel Spaß machte.

* ein humorvoller Stammgast, der viel Ruhe und Glück ausstrahlte. Er war eine imposante, charismatische Persönlichkeit; der pfeifenrauchende Psychologe aus München.

* ältere Menschen, die sich über Unterstützung im Alltag freuten und gerne bei einer Tasse Kaffee Geschichten aus alten Zeiten erzählten.

Prägende Momente, die heute noch unbewusst mit Emotionen und Bildern tief im Inneren verankert sind. Immer wieder ging es bei den Menschen um das Thema Sprache und Kommunikation. Wertschätzende, herzliche Sprache genauso wie zwischenmenschliche Missverständnisse.

Konflikte, Diskussionen oder gemeinsames Feiern und „an einem Strang ziehen", um als Gemeinschaft voranzukommen.

Beim Aufwachsen in dieser Umgebung entwickelte das Mädchen eine geniale Strategie der Verhaltensvielfalt. Sie lernte schnell, sich an die entsprechende Umgebung anzupassen. Und sie eignete sich unbewusst die Fähigkeit an, mit viel Neugier hinter die Kulissen und Fassaden von Menschen zu blicken. Sie begriff zudem schnell, dass das reale Leben leichter laufen kann, wenn bei ihr eine kleine Prise Optimismus und Humor mitschwingt. Eine Eigenschaft, die sie sich wie einen wertvollen Schatz im Herzen bewahrte; etwas, das sie schützte. Sie genoss von klein auf inspirierende Begegnungen mit Ärzten, Firmengründern, Rechtsanwälten, genauso wie mit Bauern, Fließbandarbeitern oder der älteren Putzfrau.

Alle saßen an einem Tisch bei Familienfesten wie Taufen, Hochzeiten oder Beerdigungen am Lebensende. Von allen lernte die Kleine bis ins Erwachsenenalter etwas dazu.

Und so begann meine Lebensreise ... Ausbildung, Arbeit, Entwicklung zur Führungspersönlichkeit und immer wieder fremde Länder bereisen. Andere Kulturen, alte Gemäuer, Zitate, Bücher, aromatische Gerichte und neue Rezepte nahm ich in meinem Koffer mit nach Hause. Den Duft der großen, weiten Welt und Klänge von stimmungsvoller Musik. Ich übte mich im Einfangen von Glücksmomenten, die ich im Alltag einfließen lassen konnte. Es gibt Vieles, was mich bis heute an unserer Welt fasziniert, die kleinen und die großen Wunder des Lebens.

Auch wenn viele Menschen sich ein geradliniges, harmonisches Leben wünschen; das reale Leben verläuft bei jedem anders. Gesundheitliche oder persönliche Handicaps bringen uns oft an die eigenen Grenzen. In meinem Berufsleben bin ich vielen Menschen begegnet, die es aufgrund einer Erkrankung oder einem persönlichen Schicksalsschlag aus der eigenen Lebensbahn geworfen hat. Veränderte Lebensbedingungen, Wandel in der Arbeitswelt und Krisenzeiten fordern uns als Menschen global heraus. Diese Momente bringen uns häufig dazu, dass wir uns selbst und andere in Frage stellen.

Es waren oft Sinnfragen, die sich Mitmenschen in verschiedenen Lebensphasen vor Augen gehalten haben.

„Wer bin ich? Was kann ich? Was bin ich mir und anderen wert?

Ist es gut, so wie es ist und wo will ich auf meiner Lebensreise noch hin?"

Auch ich war gelegentlich auf diesen Pfaden unterwegs. Mich haben Ausdauer und Kreativität an jedem Wendepunkt meines Lebens zum persönlichen Erfolg gebracht. Ich weiß aus Erfahrung, dass sich unser Lebenskarussell weiterdreht und wir vieles meistern können.

Deshalb, nicht aufgeben, nach Auswegen Ausschau halten, sich Begleitung suchen und unterstützen lassen, wenn sich Möglichkeiten bieten. Auch holprige Pfade in Kauf nehmen und mit optimistischem Blick in die Zukunft zu neuen Ufern aufbrechen, auch wenn der Horizont unendlich weit entfernt scheint.

Durch all diese Ereignisse und Hürden wirst du zu einer außergewöhnlichen Persönlichkeit heranreifen. Sei dankbar und stolz auf dich und hol dir entsprechende Unterstützung an deine Seite. Bewahre dir ein Stück kindliche Verspieltheit.

Bringe dich und andere regelmäßig zum Lachen und vergiss nie:

Du bist als Mensch wertvoll und einmalig!

MANUELA HOLIKE

Mein Name ist Manuela Holike, ich bin Unternehmerin und Coach aus Leidenschaft. Ganz generell bin ich die Frau für das UND.
„Entweder-oder" ist eine Haltung, die aus dem Mangeldenken kommt.

BEIDES. VIEL. MEHR. GRÖSSER. ZUSAMMEN.

So betreibe ich unser Familienunternehmen, so coache ich Männer UND Frauen (einzeln UND als Paar), mit Herz UND Hirn, damit Professionalität UND Gefühl auf privater UND beruflicher Ebene zu wirklichem Erfolg UND Glück führen.

Glücklich zu sein ist eine Entscheidung – mit meiner Erfahrung und Liebe zur Berufung ermuntere ich Sie immer wieder zu dieser kraftvollen Entscheidung.

Kontaktieren Sie mich gerne!

Email: info@manuela-holike.de

Website: www.manuela-holike.de

NEW WORK... MEINE GESCHICHTE

Geschichte 8 – Autorin: Manuela Holike

 Heute ist mein erster Tag, es ist der 15.07.1986.

Ich starte meine Ausbildung zur Handelsfachwirtin. Meine Ausbilderin gibt gleich richtig Gas, da ist nichts mit langsam ankommen. Listen, Lieferanten, Filialen, Termine, Inserate, Wochenpläne, Urlaubsplan, Mitarbeiterinnen…

Ok, von mir aus. Vielleicht sind schwangere Frauen so. Die Zeit vergeht wie im Flug, mir schwirrt ein bisschen der Kopf. Und jetzt steht sie auf, sagt, ihr gehe es nicht so gut und dass sie jetzt nach Hause müsse. Alles weitere würde ich direkt vom Chef gesagt bekommen, den würde sie gleich noch anrufen. Als ich nach 10 Minuten noch nichts von jenem Chef gehört habe, lese ich mich halt mal ein bisschen ein. Ich schaue in diverse Ordner, sehe eine To-do-Liste mit dem heutigen Datum, ein paar Dokumente mit einem „DRINGEND" Vermerk und dann eine Telefonliste.

Sehr gut. Dann kann ich mich jetzt wenigstens bei unserem Chef melden und fragen, wie es jetzt weitergeht. Genervt meldet er sich bei meinem dritten Versuch mit den Worten, dass es jetzt ganz schlecht sei und er sich später melden würde.

Auf meine kleinlaute Frage, was ich denn jetzt tun solle, kommt ein: „Ja fangen Sie doch schon mal an, es gibt genug zu tun! Das hat Ihnen Frau C. (die Ausbilderin) doch sicher gesagt!".
Ende des Gesprächs. Und ich muss schlucken.

Wie ist denn der unterwegs? Wo bin ich da hingeraten?
Die To-do-Liste ist sicher ein guter Anfang.
„Werbe-Dia abholen und zum Kino bringen." Wer wird diese Dias machen?

Vielleicht gibt es ja eine Rechnung dazu? Gibt es. Das ist eine Firma in München!? Ich telefoniere mit dem Kino und höre, dass dieses Dia wirklich dringend gebraucht wird. Also schreibe ich einen Zettel „Fahre Werbe-Dia holen", kaufe mir nebenan einen Stadtplan von München und mache mich auf den Weg. Natürlich war ich schon in München, aber noch nie mit dem eigenen Auto. Nach einer Stunde finde ich die Adresse, lande auf dem Rückweg in einem Tunnel und in einer mir ganz unbekannten Ecke der Stadt und nach einer weiteren Stunde bin ich wieder zurück und bei unserem Kino.

Auftrag 1 erledigt! Uff.
Als ich gerade wieder im Büro ankomme, erscheint er, mein Chef! Begrüßt mich, entschuldigt sich für das Chaos, das bisher heute war, lobt mich für meine Unerschrockenheit, ersetzt mir meine Kosten und sagt mir, dass meine Ausbilderin wohl nicht mehr wiederkommen werde. Ihre Schwangerschaft sei kompliziert und sie müsse bis auf weiteres liegen. Und er müsse sich jetzt überlegen, wie das mit meiner Ausbildung laufen soll.

Was soll ich sagen? Ich bin mehr als irritiert. Und ich denke auch: „Der Typ ist cool! Zwar ganz schön alt und verheiratet und so, aber hallo...!?!" Das war also der Anfang.

So ist die Liebe. Sie kommt einfach, wenn niemand mit ihr rechnet. Wenn keiner sie wahrhaben will. Wenn sie gar keine Chance hat. Wenn alles dagegen und nichts für sie spricht.

Heute bin ich seit vielen Jahren verheiratet. Das Leben hat mich immer gefordert, aber auch sehr gut behandelt. Mein Sohn, meine Berufung, viele Reisen, viele Begegnungen – sie machen mein Leben reich und bunt und lustig und immer wieder neu.

Dankbarkeit an jedem Tag, für jeden Tag.

Der Schlüssel scheint mir in der Kommunikation zu liegen. Und in dem immer wieder erneuerten Beschluss zum Glücklich-Sein-Wollen. Das mit der Kommunikation war damals im Job schwierig. Es gab noch keine Handys, man hat telefoniert, Briefe geschrieben oder im Akutfall ein Telex geschrieben. Kennt das überhaupt noch jemand? Meine Ausbildung war dann wirklich eine abenteuerliche Sache, ich durfte viele Dinge einfach im Tun erlernen, wurde oft ins sprichwörtlich kalte Wasser geworfen, trug schnell Verantwortung und habe mich behaupten müssen. Hatte ich vorher noch einem Studium hinterher getrauert, wusste ich jetzt ganz schnell, dass ich hier in meinem Element, an meinem Platz war.

Nur diese Gefühle für meinen Chef bekam ich nicht in den Griff.
Wie doof konnte ich sein? Der Mann war verheiratet, 18 Jahre älter als ich, wir lebten in einer Kleinstadt, wo jeder alles über den anderen weiß. Das ging alles gar nicht. Und trotzdem bin ich mit diesem Mann ins Gespräch gekommen, wir haben uns zugehört, wir konnten miteinander lachen, wir konnten uns für die gleichen Ideen begeistern, wir mochten dieselbe Musik. Seine Tochter ist nur 5 Jahre jünger als ich.

Es war schwierig. Es erforderte Mut. Wir haben Menschen verletzt. Sehr. Es ist heute noch turbulent, immer wieder aufregend, manchmal anstrengend, aber es fühlt sich immer noch richtig an. Und leicht und wunderschön.

Vertrau deinem Herzen, es kennt immer den Weg, es führt Dich. Beschließe immer wieder aufs Neue glücklich zu sein. Sei glücklich!

Es ist dein Weg – manche können ihn mit Dir gehen, aber keiner für Dich.

A N J A   G A N S B Ü H L E R

Mein Name ist Anja Gansbühler. Neben meiner Tätigkeit als Autorin bin ich Unternehmerin und Erfinderin eines Tiermöbels namens Bellfugio.

Mein Name ist Anja Gansbühler. Neben meiner Tätigkeit als Autorin bin ich Unternehmerin und Erfinderin eines Tiermöbel namens Bellfugio.
In meinen Geschichten erzähle ich von Augenblicken, die mich faszinieren, die für mich auf eindrucksvolle Weise zeigen, dass Gegensätze nebeneinander existieren können.
Das Bellfugio, das Tiermöbel mit Schutzfunktion ist ein klarer Ausdruck dieses Gegensatzes sowie auch die Figuren in meinen Geschichten.

„Am Anfang war der Reiz, am Ende die ERkenntnis und in der Mitte – das Leben."

Kontaktieren Sie mich gerne!

Email: ag@bellfugio.de

<<< Website: www.bellfugio.de

EINE BEGEGNUNG

Geschichte 9 – Autorin: Anja Gansbühler

 Am Anfang war der Reiz, am Ende die ERkenntnis und in der Mitte – das Leben

Das erste Treffen nach unzähligen Schreiben auf dem Partnerportal sollte in Hamburg sein, in der Nähe vom Michel. Wie jedes Mal wollte ich wieder die ca. 400 Stufen dieses Wahrzeichens erklimmen, um dann einen herrlichen Blick über die Stadt zu genießen. Und das mit einem Mann, den ich kurz vorher im Internet kennengelernt hatte. Es war an einem 29. Dezember.

Die Fahrt war entspannt, ohne Stau. Pünktlich lenkte ich mein Auto in das Parkhaus und hatte, wie sich später herausstellte, einen Platz direkt neben meinem Date. Am vereinbarten Treffpunkt wartete ein Mann bereits auf mich. Er war groß und schlank, sehr lange Beine steckten in Bluejeans. Dazu eine dunkelblaue Jacke und fertig gekleidet war der zu dem Zeitpunkt für mich schönste, interessanteste Mann der Welt.

Unsere Blicke trafen sich. Vom Gefühl würde ich sagen, Sympathie auf den ersten Blick, oder noch mehr. Ich ging auf ihn zu, wir lächelten uns an und begrüßten uns mit Küssen auf die Wangen. So als würden wir uns schon ewig kennen, wie eine Selbstverständlichkeit. Und dann die Stimme, diese wunderschöne, tiefe, sonore Stimme.

Was für ein Auftritt.

Wie redeten ohne Unterbrechung bis zum ersten Ziel unseres Hamburg-Rundganges, der Michel. Der Aufzug kam für uns nicht in Frage, wir nahmen die Treppe, ist doch klar. So leichtfüßig wie er, Jan, die Treppen hinauf tänzelte, kaum außer Atem, so hatte ich nach etwas mehr als der Hälfte ordentlich zu tun. Das wird sich ändern, war mein Gedanke dazu.

Also weiter, atmen, atmen, atmen.

Jan fand das amüsant, schon aus dem Grund wird sich an meiner Kondition etwas ändern. Das steht auf meiner gedanklichen To-do-Liste für das neue Jahr ganz oben. Auf dem Plateau angekommen genossen wir nun zu zweit den wunderbaren Ausblick über die Stadt.
Es war einfach herrlich.

Meine Augen konnte ich nicht von diesem Mann lassen. Wie er sich bewegt, wie er spricht, diese Ruhe. Ich spürte etwas wie Angekommen-sein. Diesen Mann wollte ich nie wieder loslassen. Ich spürte dieselbe Energie bei ihm.

Der restliche Tag im Zentrum war schön, angenehm, ich war unsere Stadtführerin. Abschließen wollten wir unser erstes Treffen mit einer Rundfahrt mit dem Schiff. Auf dem Weg zum Anleger fing es leicht an zu nieseln. Ich fröstelte etwas, meine Hände waren eiskalt. Handschuhe hatte ich in weiser Voraussicht nicht dabei. Dem Flanieren folgte das schnelle Gehen. Nieselregen ist echt eklig.

Auf meine Frage „Nimmst du meine Hand oder muss ich sie in die Tasche stecken?", reagierte er sofort. Gleichzeitig war ein Bruchteil einer Sekunde Freude darüber in seinem Gesicht zu erkennen. Er nahm sofort meine Hand, wieder wie eine Selbstverständlichkeit, als wäre es immer schon so gewesen. Meine Hand in seiner oder umgekehrt. Ich fühlte mich sicher. Der Griff war fest, die Hand angenehm warm. Ein Wohlgefühl durchströmte meinen Körper. Ich möchte dieses Gefühl festhalten, weil es mich motiviert weiter zu gehen, etwas anders zu machen, anders zu denken.

Dieser Mann ist das Wunderbarste, was mir je passiert ist. Ich war glücklich.

Viele Wochenenden, Monate, Urlaube, WhatsApp Nachrichten, Jahre später, genauer gesagt 4 Jahre danach sitze ich an meinem Tisch und schreibe diese Geschichte - ohne die Beziehung zu dem Mann, bei dem ich so gefühlt habe, wie ich gefühlt habe. Wir hatten das gleiche Ziel, Zusammensein, Nähe. Der Weg dahin oder besser gesagt die Teilziele blieben unausgesprochen, noch weniger festgelegt.

Wir haben im Moment gelebt. Dann kam der Bruch.

Das, woran ich mich hochhangeln wollte, war nicht mehr griffig wie die Hand, die zufasste, damals in Hamburg. Die Hand, die sich damals so anfühlte wie ein sicherer Halt, an dem ich Mut tanken, mich erden, ausruhen konnte, war auf einmal nicht mehr griffig.
Wir entglitten einander förmlich.

Und heute gebe ich den schönen Gedanken einen Ausdruck, in Bild- oder Schriftform, damit ich loslassen kann.

Und darauf kommt es an, loslassen können,
um wieder beide Hände frei zu haben.

NORIKO LANG

Ich bin 1966 in Japan geboren und seit 1992 lebe ich in Deutschland. Die Suche nach der Antwort auf die Frage nach dem Sinn des Lebens hat mich zum Philosophiestudium geführt. „Erkenne dich selbst." Das ist mein Lebensthema. Ich habe meine Feinfühligkeit als meine Stärke wieder entdeckt und bin jetzt als Energetikerin tätig. Botschafterin, so habe ich mich erkannt und tue das auch. Ich nehme die leisen Stimmen von Pflanzen und Seelen wahr und gebe ihnen den Raum, gehört zu werden.

„Erkenne dich selbst." – Orakel von Delphi

Kontaktieren Sie mich gerne!

Email: noriko.lang@outlook.de

<<< Website: www.norikolang.de

PFLANZENWESEN LÖWENZAHN

Geschichte 10 – Autorin: Noriko Lang

 Ich kann mich gut erinnern, dass du mit mir gerne gespielt hast.
Du hast mit großen und schönen Augen mich angeschaut.

Ich habe so viel Freude in deinen Augen gesehen. Du warst so neugierig und offen für alle Dinge. Die Welt ist so groß, du konntest dir nicht vorstellen, was es noch in dieser Welt gibt. Du hast die Welt auf deiner Augenhöhe gesehen und wusstest, dass es keine Trennung zwischen dir und der Welt gibt. Du hast mich so wahrgenommen, wie ich dich wahrgenommen habe. Wir haben uns gut verstanden und hatten viel Spaß miteinander.

Ich habe dich gerne gesehen. Dein Lächeln und deine fröhliche Stimme vergesse ich nie. Eines Tages hast du dich mir wieder gezeigt und sagtest, schau: „Pusteblume!" Bei jedem Pusten habe ich dir gesagt, „Danke mein Liebes, ich verreise und warte woanders auf dich!" Genauso habe ich es getan.

Ich bin teilweise so weit gegangen und habe dort Freude verbreitet. Natürlich war ich immer bei dir. Ich habe immer wieder dich gesehen. Du hast viel gesehen, gehört, getanzt, bejubelt und erlebt. Du hast gelacht, geweint und gesungen. Du hast mich nicht bemerkt, trotzdem hat das Ganze mir Freude bereitet.

Aber ich habe auch gesehen, dass irgendwann Schatten hinter dein Lächeln gekommen sind. Wenn du momentan keine Zeit hast, mit mir zu spielen oder zu reden, dann macht das nichts, ich warte so lange, bis du wieder mit mir sprichst. Ich sehe aber, dass dein Rucksack immer schwerer wird. Trotzdem läufst du weiter, obwohl du keine Kraft mehr hast. Du suchst einen Ausgang, wohin führt dieser Tunnel?

Wo ist dein Lächeln? Schau dich mal an! Was siehst du? Lächelst du oder weinst du? Kannst du dir in die Augen sehen? Was sagen deine Augen? Durch deine Augen kannst du dein Herz sehen. Was siehst du…? Wann hast du das letzte Mal deinem Herzen zugehört? Damals, als du noch oft mit mir gespielt hast, hast du immer aus dem Herzen gesprochen.

Halte kurz an und lass deinen Rucksack los. Wenn du deinen Rucksack hierlässt und deinen Kopf hebst, siehst du eine andere Landschaft. Atme tief ein, das tut gut und atme aus. Dabei kannst du deine mitgebrachten Wolken weg pusten. Mit jedem Atemzug bekommst du neue Kraft. Es gibt nicht nur einen steinigen Weg, sondern auch einen anderen.

Schau mal, wo du läufst. Zu deinen Füßen wachsen die Blumen, die duften nach Freude. Die Welt wird heller und du siehst die Schönheit, die du immer hattest. Im Morgentau spiegelt sich das Sonnenlicht. Im Frühnebel wünscht der Morgentau dir einen schönen Tag.

Das ist die Welt, die du durch dein Herz siehst. Die Welt, die du als DU erleben kannst. Du bist genau richtig, so bist du in dieser Welt.

Hier bekommst du genügend Kraft und strahlst dein wunderschönes Licht aus. Ich weiß, dass es trotzdem eine Zeit gibt, die herausfordernd ist. Ich muss oft über harte Böden gehen oder habe nicht genug Raum, um zu wachsen. Aber weißt du was? Am Ende findet sich immer ein Weg! Stück für Stück – und auch kleine Schritte sind ein Fortschritt. Ich verliere auch mal Blätter oder Stängel. Aber das ist kein Problem. Dann fange ich wieder von neuem an, mache unbeirrt weiter. Weil der Weg mein Weg ist.

Das ist meine Entscheidung. Ich habe diesen Weg gewählt.

Das ist der Unterschied, ob ich entschieden habe oder nicht. Ich habe die Wahl, nicht andere. Genauso hast du die Wahl, welchen Weg du gehst.

Ich vertraue meiner Kraft, die ich habe. Das bin ich, ich gebe nie auf. Das bist du auch, mein Liebes. Es scheint nicht jeden Tag die Sonne. An manchen Orten gibt es fast nur Schatten. Wenn ich die Sonne sehe, egal ob drei Stunden, eine Stunde oder auch nur 10 Minuten, öffne ich mich und empfange so viel ich eben nur kann, damit ich als Sonne auf der Erde sein kann.

Ja, du hast richtig gehört, ich bin die Sonne auf der Erde. Ja, ich bin klein. Ja, ich bin eine Pflanze. Aber ich bin ein Löwenzahn! Ich bin einzigartig. Ich habe einen starken Willen und Durchhaltevermögen. Ich tue, was ich tun kann und tun möchte. Jede Herausforderung ist willkommen, dann kann ich mehr zeigen, was ich kann.

Das bist du auch! Du mein Liebes. Wenn ein so kleiner Löwenzahn das schafft, kannst du das auch. Du bist die Sonne auf der Erde, die so viel Licht und Freude bringt. Ich habe dein Licht schon mal erlebt, lass uns mehr davon haben. Das kann geschehen, wenn du dich dafür entscheidest.

Ich bin so dankbar, dass ich hier bin und mit dir spreche.
Mir macht es so viel Freude, wenn ich dein Lächeln sehe.

Bitte nicht vergessen, ich bin so gerne bei dir, egal, ob du mich siehst oder nicht.
Alles Liebe
Dein Löwenzahn

AUS DEM BURNOUT ZUR MUSE

Geschichte 11 – Autorin: Amelie Arden

Meine Arbeit machte ich immer voll Euphorie,
doch in diesem Jahr merkte ich, sie war aufgebraucht meine Energie.
Ganz oder gar nicht will ich mich geben.
Zu 100% meine Leistung leben.

Doch irgendwann sagt der Körper dann stopp,
das kannst du nicht schaffen, ohne dass man dich dopt.
Das Herz fängt an zu rasen und wird immer schneller,
bis dass die Energie fällt in den Keller.

An Schlaf in der Nacht ist nicht mehr zu denken.
Anfangs glaubt man, das wird sich mit der Zeit schon einrenken.
Das Gedankenkarussell im Kopf sich dreht,
bis mir jegliche Freude verloren geht.

Als Vorteil seht ihr meine Figur,
im Stress kann ich das Essen anschauen nur.
Ich hab meine Kräfte wohl überschätzt.
Nun ist es wichtig zur Ruhe zu kommen. Und zwar jetzt.

Wieder finden Freude und Visionen
für die sich ein herzhaftes Leben lohnen.
Ich begann zu schreiben als Therapie
und so entwickelte sich meine Thcrapic Poesie.

Mir half das Schreiben aus meiner Krise heraus
und dann hörte ich auf der inneren Bühne den sanften Applaus.
Ich beginne zu erzählen öffentlich meine Geschichten
und mir Menschen berichten,
dass sie davon werden berührt
und dabei zu ihren eigenen Themen geführt.

Nicht steckenbleiben in den Krisen.
Mithilfe von Poesie wieder in die Erfüllung fließen.
Die eigenen Lebensgeschichten so erzählen,
dass wir vor allem das Gute darin wählen.

Täglich erleben und erzählen wir unzählige Geschichten.
Die Muse küsst, um sie völlig neu zu berichten.
Sich selbst wieder mehr zuhören,
anstatt sich über andere zu empören.

So lässt sich verwandeln Schmerzliches
in Herzliches.
Die Zeit nicht mehr mit Ärger vergeude,
stattdessen genießen die Lebensfreude.

Zuhören, was dir der Körper will sagen,
wenn er beginnt mit Schmerzen zu klagen.
Jedes Wehwehchen, ob klein oder groß,
gibt dir treffende Hinweise ganz grandios.

Lerne deinen Körper zu verstehen und zum Dank,
musst du vielleicht werden nicht mehr krank.
Klar, nach dem Verstehen muss auch folgen verändertes Handeln,
willst du Kummer und Schmerz in Lebensfreude wandeln.

Höre dir auch selbst zu,
was du über dein Leben erzählst
und betrachte die Emotionen, die du dabei wählst.
Sind es Energien, die dich stärken
und dir Kraft geben in deinen Lebenswerken?

Manchmal hängt man jammernd in Schuld und Sühne
und gibt all dem Negativen eine große Bühne.
Dramas, Krimis oder Feste?
Wählen wir für unser Lebens-Theater doch nur das Beste.

Wir immer wieder das Gleiche bekommen,
wenn wir sind von denselben Gedanken eingenommen.
Unsere Gedanken gestalten Realitäten,
so schon die alten Griechen erzählten.

Beginne selbst zu gestalten die Geschichten deines Lebens,
sonst wirst du suchen die Erfüllung vergebens.
Wie Gift wirkt Ärger und Buße.
Für Glück und Freude lass einziehen in dein Leben die Muse.
Dazu werde ich meine Musenküsse auf Reisen schicken,
damit wir auf unsere eigenen Geschichten wieder mit dem Herzen blicken.

HIER KÖNNTE DEINE GESCHICHTE STEHEN!

Kontaktiere uns dazu gerne!

Email: amelie.arden@weltklasse-miteinander.com

<<< Website: www.weltklasse-miteinander.com

S A N D Y   S A H A G U N

Mediale Schmuck- & holistische Lebensdesignerin

Die Vielfalt, Farbigkeit & Medialität wurden mir durch meine persischen-, mexikanischen- und italienischen Vorfahren in die Wiege gelegt. So war mein Leben erfüllt von Farben, Formen, Design und Kunst. An der Kunstschule prägte mich das Schmuckdesign besonders tief.

Nach einem Burnout bin ich wie Phönix aus der Asche dank Yoga & Entspannung wieder in meine Strahlkraft gekommen.

Zitat: „Wenn jede*r von uns etwas sät, wird die Welt voller bunter Blumen sein."

Kontaktieren Sie mich gerne!

Email: sandy@sandysahagun.com

<<< Website: www.sandysahagun.com

DAS MÄDCHEN MIT DEN BUNTEN AHNEN-EDELSTEINEN...

Geschichte 12 – Autorin: Sandy Sahagun

 Das 4-jährige Mädchen auf der Blumenwiese im Kinderheim, das war ich. Die farbigen Blumen waren für mich die Edelsteine.

Meine Kindheit war geprägt von viel Einsamkeit und Trauer. Die tiefe Verbindung zur Natur und zu meiner Ahnenlinie hat mich über Wasser gehalten. Sie kamen aus Persien, Mexiko und Italien und sind in mir verwoben. Was für ein starkes und zugleich kraftvolles Gewebe aus strahlenden Juwelen.

Be your own Creator, stehe immer wieder auf, wenn du hinfällst. Lerne dein ganzes Leben lang und entfalte deine Flügel in deiner Farbigkeit. Erhebe dich in die Lüfte, wenn es dir zu eng wird und flieg! Das habe ich früh gelernt.

Von meiner persischen Großmutter Trinidad habe ich ihre Klarheit und Medialität mit in die Wiege bekommen. Sie strahlte so eine Stärke aus. Wegen der Liebe wanderte sie nach Mexiko aus. Deshalb wurde sie von ihrer Sippe ausgestoßen. Das machte sie umso stärker. Es verlieh ihr Flügel in ihre Freiheit zu fliegen. Ihr Leben so zu gestalten, wie es für sie richtig war.

„Du musst gut verwurzelt im Jetzt sein, damit du kraftvoll durchs Leben gehen kannst. Mit deinen Gaben wirst du die Welt verschönern. Entdecke DEINEN wertvollen Weg, du hast die Stärke dazu." Sie zeigte mir auf, was LEBEN in der Freiheit heißt. Ein Teil von ihr fliegt mit mir weiter.

Carlota, meine mexikanische Mutter hatte mich für eine kurze Zeit in die Schweiz in ein Kinderheim gebracht. Sie war Dolmetscherin und arbeitete für den Vatikan in Rom.

Sie schenkte mir ihre Zartheit und ihre Kreativität. Sie versprach mir, mich bald abzuholen, um gemeinsam zurück nach Mexiko zu reisen. Sie kehrte nie mehr zurück.
Es waren immer die Frauen, die ihre Stärke und Farbigkeit zeigten und die in ihre Freiheit flogen.

Diese Vielfalt und Farbigkeit des Lebens wurden mir schon früh durch sie in die Wiege gelegt. Von Anfang an stand mir ein reicher kultureller Schatz zur Verfügung, aus dem ich die schönsten Dinge für meine eigene Identität neu zusammenfüge. Obwohl meine Kindheit von viel Schwere geprägt war, habe ich die Kreativität genutzt, um meine farbige Welt zu erschaffen.

So wurde Design schon früh zu meiner Passion. Farben, Formen, Kreativität und Medialität waren mein Leben. Textildesign, Schmuckdesign und Spiritualität in einem verwoben.

Ich habe all meine innere Farbigkeit mit den bunten Ahnen-Juwelen für mich sorgsam aufbewahrt und mit ihrer Energie die schönsten Schmuckstücke kreiert. Als die Zeit gekommen war, bin ich nach der Kunstschule mit meiner eigenen Schmuck-Bildsprache nach außen getreten.
Von weisen Goldschmiede-Meistern in meinem Heimatland Mexiko lernte ich die alten Techniken kennen.

Don José legte mir beim Abschied diese Worte mit in meine Goldschale:

„Verbinde dich immer zuerst mit deinem Herzen, erst dann beginne zu arbeiten.
So entsteht Fülle und Leichtigkeit im TUN und im SEIN. Die handgefertigten Unikate können nur in der eigenen Ruhe und Fülle entstehen. Lass ihnen Zeit zum Wachsen und zum Erblühen in ihrer Schönheit. Betrachte sie von allen Seiten und fülle sie mit deiner Energie und Kreativität auf. Sei immer bereit, dich von festgefahrenen Formen zu lösen. Öffne dein Herz, gebe deine Liebe und Zeit hinein. Gehe deinen eigenen Weg! Das werden die Menschen spüren, wenn sie das Schmuckstück in ihrer Hand halten."

Wenn sich Geist und Seele treffen, sind die Hände kreativ. Schmuckstücke entstehen in diesem Moment der Stille, wo es keine Zeit gibt. So entstand auch mein Adler. Mein Wunsch war es, einen Adler (Anker) zu kreieren, der mich an meine grenzenlose Freiheit im Inneren an meine Ahnen erinnert.

So entstand dieser Ring in 22 kt Gold. Trinidad ist symbolisch dieser Adler, der mir zeigt, wie man fliegen lernt und furchtlos immer höher aufsteigen kann. Der Adler fliegt höher als jeder andere Vogel. Er nutzt die Strömungen des Windes, um höher zu fliegen, stets der Sonne entgegen. Sein Auge ist das schärfste aller Vögel.

Er ist Symbol für den eigenen Fokus im Leben, für die Kraftquelle in dir, für den Wert, den du der Welt und dir zu geben hast, für die grenzenlose Freiheit und Liebe, für die Zentriertheit und die Selbstbestimmung. Er kennt immer sein Ziel, er lässt es nicht aus den Augen, bis er es erreicht hat.

Never ever give up.

Mein schönstes Design ist heute happiness. Design your life with happiness!
Ich wünsche es dir auch von Herzen.

Verschenke dich mit deinen Werten und Talenten den Menschen und du wirst
sehen, das Glück wird sich wie bunte Edelsteine,
glitzernde Diamanten in deinem Inneren vermehren.

SUSANNE LORENZ

Da ich jahrelang nicht mit Konflikten umgehen konnte, habe ich mich mit dem Thema Kommunikation intensiv beschäftigt. Dadurch änderte sich mein Umgang mit Konflikten. Ich verstand, dass sie zum Leben gehören und nichts Schlimmes sind.

Seit 2012 bin ich selbständig, mein Schwerpunkt liegt auf der gewaltfreien Kommunikation. Ich unterstütze Führungskräfte dabei, Konflikte schneller zu erkennen, anzusprechen und wertschätzend aufzulösen. Mein Ziel ist es, die Welt besser zu machen, indem ich Menschen helfe, verständnisvoller zu sein.

Kontaktieren Sie mich gerne!

Email: sl@wirksam-kommunizieren.de

Website: www.wirksam-kommunizieren.de

DIE MACHT DEINER GEDANKEN

Geschichte 13 – Autorin: Susanne Lorenz

 Vier Jahre ist es jetzt her, dass ich mit meinem damaligen Freund seine Familie in Polen besuchte. Ich wusste nicht, was auf mich zukam, lernte ein paar Sachen wie „Guten Tag",

„Hallo", „Ich heiße Susanne" etc. zu sagen. Das reichte natürlich nicht aus.

Das Essen vertrug ich nicht, die Leute unterhielten sich alle auf Polnisch. Klar, sie hatten Deutsch in der Schule, doch das war lange her. Einige konnten etwas Englisch, doch auch das wurde nicht genutzt. Mein Eindruck war, dass sich keiner für mich interessierte. Sie redeten alle miteinander und ich war außen vor. Auch war es ganz normal, dass den ganzen Abend lang Alkohol getrunken wurde. Damit kam ich nicht gut klar, denn mein Vater war Alkoholiker.

Ich war gefrustet, hatte Bauchweh, man gab mir Alkohol, obwohl ich den eigentlich nicht mag. Es hieß, ich solle das mal probieren gegen die Schmerzen. Das tat ich auch. Es brachte nichts. Keiner wollte mit mir reden, alle unterhielten sich und lachten, hatten Spaß. Meine Bauchschmerzen machten es nicht besser. Ich ertrug es noch die nächsten Tage und schwor mir, nicht wieder zu kommen. Das machte ja auch gar keinen Sinn.

Doch die Beziehung hielt Jahr für Jahr.
Polnisch gelernt habe ich trotzdem nicht, da es mich nicht wirklich interessierte.

Dann kam einer der schönsten Momente in meinem Leben: ein Heiratsantrag!
Ich, die nie heiraten wollte, sagte ja!

Und klar, das heißt auch, die Familie in Polen besuchen!
Der Plan: nach 7 Jahren das erste Mal zusammen in Polen Weihnachten feiern.

Und nun, Jahre später, war alles anders!

Dieses Mal bereitete ich mich vor: Ich sagte mir, dass es nicht um mich geht. Ich fahre hin, um ihm eine Freude zu machen, da er die letzten Jahre immer mit meiner Familie und mir Weihnachten verbracht hatte. Das Essen werde ich wahrscheinlich nicht vertragen. Es wird wieder so sein, dass ich da sitze und kaum etwas verstehe. Auch werden die Leute nicht versuchen, mit mir ins Gespräch zu kommen. Das ist vollkommen okay.

Ich fahre nicht meinetwegen hin. Es geht um ihn. Ich verstehe mich und meine Bedürfnisse mittlerweile viel besser und achte auch mehr darauf, dass es mir gut geht. Im Austausch bin ich ständig mit meinem Verlobten, Freunden, anderen Trainerinnen und Coaches. All diese Menschen schenken mir auch regelmäßig Wertschätzung und Aufmerksamkeit. Da kann ich also sehr gut damit umgehen, dass ich das in Polen nicht bekommen werde.

Bewusst entscheide ich, dass ich in den kommenden Monaten kein Polnisch lernen werde, auch wenn ich mir das zuerst vorgenommen habe. Mitten im Buchschreiben und Vermarkten habe ich keinen Kopf dafür und will mich nicht zusätzlich stressen. Also fokussiere ich mich auf mein Buch und nicht darauf, eine neue Sprache zu lernen.

Und dann sind wir da. Werden mit dem Auto abgeholt. Ich sitze hinten, während sich mein Verlobter vorne unterhält. Ohne mich. Es ist okay. Wir fahren zu der Familie, bei der wir auch schlafen werden. Das Essen schmeckt! Ich vertrage es, bekomme keine Bauchschmerzen!

Wie kann das sein!? Er wundert sich, dass ich alles probiere und gar nicht genervt oder sauer bin. Warum auch? Wir sind seinetwegen hier. Die Gespräche sind sehr lebendig, es wird viel gelacht. Schade, dass ich kaum etwas verstehe. Doch ich freue mich, über all diese Freude, den Spaß, die Liebe und Wertschätzung.

Ich habe auch Momente, wo mich das stört, dass mich keiner etwas fragt. Aber die dauern nicht lange an. Ich sorge für mich. Sitze am Tisch und esse, auf was ich Lust habe.

Und wenn es mir zu viel wird (ich mag keine großen Runden und bin oft geräuschempfindlich), gehe ich kurz raus. Ich ziehe mich zurück und für alle ist das okay.

Hat sich etwas im Außen geändert? Nein.
Es sind die gleichen Menschen, die gleichen Speisen. Das gleiche Land.

Doch in mir ist alles anders. Ich bin viel glücklicher mit mir selbst, fühle mich weniger ausgeliefert. Ich habe verstanden, dass meine Gefühle ganz viel mit mir selbst zu tun haben. Andere mache ich dafür nicht mehr verantwortlich.

Keiner muss dafür sorgen, dass es mir gut geht. Ich sorge selbst für mich. Spannend finde ich auch, dass mein Verlobter viel fürsorglicher ist, als er früher war. Er fragt mich immer wieder, ob alles okay ist, ob ich etwas brauche. Er nimmt mich immer wieder in den Arm und küsst mich. Dabei habe ich ihm nie erzählt, dass es andere Gründe außer dem Essen gab, warum ich nicht mehr mitgefahren bin nach Polen ;).

Mache also bitte nicht die Umstände dafür verantwortlich, wie du dich fühlst.
Schaue immer wieder, was du selbst machen kannst, damit es dir besser geht!
Ich wünsche dir von ganzem Herzen, dass dir das auch gelingt und du so dein Leben friedvoller gestalten kannst.

Alles Liebe
Deine Susanne

HENDRIK KOHAKE

DIE FAMILIENBÖRSE – DAS SIND WIR

Die eigenen Finanzen – ein Thema, mit dem sich nur wenige Familien konkret auseinandersetzen. Schon früh war uns – Hendrik und Annemarie – bewusst, dass wir beim Thema Geld nichts dem Zufall überlassen möchten.

Als zertifizierte Spezialisten für die private Finanzanalyse nach DIN 77230 teilen wir auf unserer Webseite und unserem Instagram-Kanal unser Know-how mit allen, die sich nicht länger auf die Aussagen von Banken und Versicherungen verlassen möchten, sondern das Thema Finanzvorsorge selbst in die Hand nehmen wollen.

Kontaktieren Sie mich gerne!

Email: info@familien-boerse.com

<<< Website: www.familien-boerse.com

DER WEG ZUR FINANZIELLEN FREIHEIT

Geschichte 14 – Autor: Hendrik Kohake

 Ich sitze am Rechner,
spät abends, die Kinder schlafen,
ich bin müde aber überall steht es:

„Rentenlücke", „Altersarmut", „auf dem Sparbuch macht das Geld keinen Sinn", „du brauchst ein Money-Mindset", „du musst dein eigener Vermögensverwalter werden", „du brauchst eine Strategie", „Aktien sind Zockerei".

Ich werde wahnsinnig.

Überall sind solche Schlagzeilen zu lesen. Aber was soll ich machen?

Mit der Recherche im Internet komme ich auch nicht weiter.
Es verwirrt mich. Ich will doch einfach nur mein Geld sicher anlegen.
Für mich und meine Kinder!

Wenn du dich auch so fühlst, dann bist du nicht alleine, ganz im Gegenteil, viele Menschen fühlen sich komplett überfordert.

In Deutschland schätzt sich jeder zweite als finanzieller Analphabet ein. Und das hat gute Gründe.

Das Thema Geldbildung und finanzielle Intelligenz ist im Schulsystem nicht verankert. In Deutschland musst du einen Führerschein machen, wenn du Auto fahren willst. Wenn du aber einen ETF (einen börsengehandelten Indexfonds) oder eine Aktie kaufen willst, brauchst du keinen Führerschein. Das erhöht die Gefahr für Unfälle deutlich.

Nach meinen Recherchen verlieren 80% der Menschen an der Börse Geld. Und das hat damit zu tun, dass schlicht und einfach das Wissen dafür fehlt. Also heißt es Wissen aufbauen. Die eigenen Finanzen an andere abzugeben macht keinen Sinn.

Niemand kann sich besser um deinen Vermögensaufbau kümmern als du selbst.

Finanzielle Bildung ist gar nicht so schwer, wichtig ist, dass du etwas Neues lernen willst.

Wir haben auf unserer Reise mehr als 100 Bücher zum Thema Geldbildung gelesen, Aktien gekauft und wieder verkauft, ETFs gesucht und nicht gefunden, dann doch gefunden, Sparpläne eröffnet und eingerichtet, die Rentenlücke berechnet. Wir haben Totalverluste erlitten. Aber wir haben auch gelernt und mit jedem Fehler wurden wir besser.

Nach mittlerweile mehr als 12 Jahren Erfahrung, in denen wir alles erlebt haben, müssen wir auch sagen: „Hätten wir das Wissen vorher gehabt, hätten wir uns viel Zeit erspart und eine Menge mehr an Geld zur Verfügung."

Dennoch dürfen wir voller Stolz heute sagen: „Wir sind finanziell frei und das ohne fremde Hilfe. Wir sind den Weg alleine gegangen und es hat sich gelohnt."

Viele Menschen überschätzen, was sie in einem Jahr erreichen können und unterschätzen, was sie in 10 Jahren erreichen können. Und genau das ist auch das Fazit: Vor 10 Jahren hatten wir ein kleines Depot mit Aktien, heute sind wir finanziell frei und können mit unseren Kindern das machen, was wir für richtig halten. Vielleicht suchst du für deine Familie einen Mentor, der mit dir zusammen einen geeigneten Weg findet, deine finanziellen Fragen zu beantworten.
Von Familie für Familie!

HIER KÖNNTE DEINE GESCHICHTE STEHEN!

Kontaktiere uns dazu gerne!

Email: amelie.arden@weltklasse-miteinander.com

<<< Website: www.weltklasse-miteinander.com

MARLIES EICHELBERGER

Betrachtet man ihren Weg, kann man bestätigen: dieser geht vom Kopf ins Herz, vom Außen ins Innen. Je bewusster sie ihr Leben ausrichtet, desto angekommener fühlt sie sich. Diese Transformation spiegeln auch ihre Geschichten wider. Es ist ein Potpourri an Selbsterfahrung, Beobachtung und Elementen aus der Yoga- und Achtsamkeitslehre, das sie inspiriert. Marlies wurde nach ihrer erfolgreichen Laufbahn in der internationalen Wirtschaft zu einer Reisenden im tieferen Sinn. Wohlbefinden, Zufriedenheit und gesteigerte Lebensqualität der Menschen im Privat- und Berufsleben sind ihre Motivatoren.

Die Steirerin bietet Retreats und Kurse rund um Hatha Yoga, geführter Entspannung und Achtsamkeit im Alltag.

Kontaktieren Sie mich gerne!

Email: marlies@allesachtsam.at

<<< Website: www.allesachtsam.at

RAUS AUS DEM KOPF UND REIN INS LEBEN

Geschichte 15 – Autorin: Marlies Eichelberger

 Wer steuert dein Leben? Ist es dein Kopf, dein Bauch oder dein Herz?

Wir leben in einer Kultur des Analysierens, feiern die großen Denker, malen uns Zukunftsszenarien aus und rollen die Geschichte immer wieder neu auf. Die Menschheit sucht präzisere Ergebnisse, bessere Erkenntnisse, will optimalere Strategien ableiten oder das Rad neu erfinden.

Alles TUN ist getrieben von unserer Gehirnleistung, unserem Kopf. Vor lauter Denken vergessen wir jedoch zu leben, es SEIN zu lassen. „Lass es einfach sein," assoziieren wir mit Aufgeben oder möglicherweise gar mit Versagen. In einer Welt, die keine Fehler duldet, ist das ein schweres Los.

Wie großartig wäre es allerdings, den Dingen einmal ihren Lauf zu lassen. Wir könnten aus Fehlern lernen und daran wachsen und sie mit Leichtigkeit annehmen.

„Es wird sich fügen." Betrachte bei einem Spaziergang einmal bewusst den Fluss des Wassers in einem Bach. Das Wasser findet seinen Weg, es umschließt die schweren Steine und formt sich seine Bahn. Flexibilität ist die Konstante der Neuzeit.

„Das Richtige kommt zur richtigen Zeit." Wir sind ungeduldig, können nichts mehr erwarten.

Echtzeit-Kommunikation, Echtzeit-Überweisung, Live-Standort teilen, öffentliche Verkehrsmittel im Minuten-Takt. Was kann denn schlimmstenfalls geschehen, wenn wir nicht sofort antworten oder einfach zum vereinbarten Treffpunkt erscheinen?
Bedarf es wirklich mehrerer Telefonate und Textzeilen davor?

„Habe Vertrauen ins Leben."

Wann sind wir in diese 24-Stunden-Kontrollschleife geraten? Lassen wir doch das Vertrauen ins Leben zurückkehren. Vertrauen, dass ein geplantes Programm auch so stattfindet, Vertrauen, dass ein ungeplanter Tag der schönste unseres Lebens werden kann, Vertrauen, dass es andere gut mit uns meinen und auch wir stets unser Bestes geben.

„Man sieht nur mit dem Herzen gut, …" der kleine Prinz wusste Bescheid.

Verbinden wir uns mit unserer Herzintuition, unserem Bauchgefühl, der Stimme der inneren Führung. Je achtsamer und leiser wir werden, die Gedanken zur Ruhe bringen und das Außen dort belassen, wo es ist – draußen – desto eher haben wir die Chance auf ein ECHTES Leben.

Ein echtes Leben, das wir WAHR-nehmen. Momente, die wir SPÜREN mit jeder Faser unseres Körpers. Glück, das wir erschaffen, durch innere Zufriedenheit. Wenn wir die Gedanken-Konstrukte loslassen, lassen wir den Moment, Moment SEIN.
Es klingt so simpel und doch bedarf es Übung.
So wie der stete Tropfen die Steine im Bachbett formt, können wir unsere Zellstruktur formen.

„Du bekommst nichts, was du nicht tragen kannst." Manche von uns sind es gewöhnt, mit dem Körper zu agieren, manche sind von ihren Gefühlen dominiert und wieder andere von ihrem Kopf. Je nachdem welche Prägung vorherrscht, gibt uns das Leben unterschiedliche Aufgaben mit auf den Weg. Als Zerdenkerin durfte ich auf mentaler Ebene lernen, mein Gewahrsein ins Spüren und Fühlen auszudehnen.

„Die wenigen Zentimeter zwischen Scheitel und Zehenspitzen sind der wohl weiteste Weg im Leben." Soweit wir auch reisen, solange wir auch pilgern, so viele Umwege wir auch einschlagen möchten: Kein Weg ist so weit, wie jener vom Gehirn bis zu den Zehen.

Wie gut kennen wir das Wunderwerk, in dem unsere Seele wohnen darf? So lange wir atmen, haben wir die einmalige Chance, diese Behausung zu hegen und zu pflegen.

„Übe dich in Dankbarkeit."

Es ist kein Selbstverständnis, dass wir unsere Bedürfnisse rasch befriedigt bekommen. Egal, ob es sich um Grundbedürfnisse handelt oder den individuellen Weg der Selbstverwirklichung. Unsere heimische Bevölkerung ist überwiegend von Fülle umgeben.

Viele kleine Erlebnisse formen unseren Tag, doch übersehen wir sie über den Alltagstrott hinweg leider zu oft. Das Gras auf der anderen Seite scheint so oft viel grüner zu sein, wir sehen, was wir nicht haben, statt dem, was bereits da ist.

Je mehr wir HABEN, desto weniger erlauben wir uns zu SEIN.

Beginnen wir mit der Pflege positiver Gedanken und lassen gute Gefühle und Empfindungen daraus entstehen. Beginnen wir damit, uns selbst und anderen Liebe zu geben und zu empfangen. Denn am Ende des Tages wollen auch alle Denkerinnen und Denker nur wahrgenommen und geliebt werden.

Begeben wir uns ins Vertrauen und Betrachten uns und die Welt aus der Brille der Liebe und Dankbarkeit.

Wäre das ein Vorschlag für die Routenplanung – raus aus dem Kopf und rein ins Leben?

MAIK HELLEN

„Das Innere am Äußeren erkennen".

Der heutige 50-jährige Maik Hellen liest Menschen. Durch seine eigene Kindheit hat er unbewusst seine Sinne geschärft. Er hilft Menschen ihr Gegenüber wahrzunehmen, sich bewusst zu machen, was in jeder Begegnung unbewusst abläuft oder aber auch mit Selbstreflexion. Mit Hilfe der Psycho-Physiognomik, Face Reading und Körpersprache zeigt er auf: „Was sehen wir und was bedeutet es, was wir sehen".

Kontaktieren Sie mich gerne!

Email: info@maikhellen-gesichtslesen.de

<<< Website: www.maikhellen-gesichtslesen.de

TAXIFAHRER-GESCHICHTE

Geschichte 16 – Autor: Maik Hellen

 Am Wochenende hatte ich oft Kunden, die auf eine Busreise wollten oder von einer wiederkamen. Im Ticket für die Busreise ist die Taxifahrt mit inbegriffen, vom Busbahnhof zum Wohnort oder vom Wohnort zum Bahnhof.

An jenem Tag, spätabends im Sommer, es war schon dunkel, holte ich ein älteres Ehepaar vom Busbahnhof ab. Ich ließ mir die Tickets geben, verglich die Namen mit meinem Auftrag.

"Ah Familie Schmidt, darf ich Ihre Koffer holen und einladen?"
Die beiden standen vor mir händchenhaltend.
„Ja sehr gerne, das wäre sehr nett von Ihnen", sagte die ältere Dame mit einem Lächeln im Gesicht.

Ich holte ihre Koffer und die beiden beobachten mich dabei und gaben mir zu verstehen, dass ich die richtigen Koffer und Sachen komplett hatte. Diese lud ich in den Kofferraum vom Taxi und hielt den beiden die Tür zum Einsteigen auf. Sie wollten beide hinten sitzen und hielten weiter Händchen.

Sie sagten mir ihre Adresse und wir fuhren los. Wie fast immer begann eine Unterhaltung.
„Wie war denn Ihre Reise"? fragte ich. Bei der Unterhaltung sprach meistens die Frau.
„Es war schön, der Busfahrer war toll und das Hotel war auch super."
Sie fuhr fort: „Wissen Sie, wir sind schon sehr, sehr lange Rentner und wir machen im Jahr mehrere Reisen, immer mit dem Bus. Mit dem Flugzeug fliegen wir schon seit Jahren nicht mehr und glauben Sie mir, wir haben auf diesen Busreisen schon viel erlebt.
Aber diese Reise war sehr, sehr schön."

Die Unterhaltung ging bis zu ihrem Zielort weiter. Als wir vor ihrem Haus standen und ich den Motor ausgeschaltet hatte, ging die Unterhaltung weiter. Ich setzte mich schräg auf den Fahrersitz, um mich besser zu ihnen wenden zu können.

Die beide hielten immer noch Händchen und sahen sehr glücklich aus.

Ich teilte ihnen meine Wahrnehmung mit.
„Ihr beide seht so glücklich aus, seid ihr beide schon lange verheiratet?"

Das Strahlen von den beiden wurde noch mehr und wir sind inzwischen vom Sie auf das Du umgeschwenkt. Er hieß Karl und sie Helga.

Karl sagte ganz stolz: „Maik, wir sind jetzt 65 Jahre verheiratet."
Helga und Karl sahen sich in die Augen und sahen mein erstauntes Gesicht.
„65 Jahre," wiederholte ich, „65 Jahre, Wahnsinn, dass es so was heute noch gibt. In meinem Umfeld nehme ich wahr, dass die Beziehungen nicht ewig halten. Das ist eine verdammt lange Zeit und ihr beiden seht immer noch verliebt und glücklich aus. Das ist bestimmt doch auch harte Arbeit so eine Beziehung so lange zu führen".

Karl und Helga schütteln beide den Kopf und Helga sagte:
„Nein Maik, wir streiten uns nicht, wir respektieren uns und wissen, was wir aneinander haben." -
„Wow, ich bin echt sprachlos. Ich habe ja sowas schon öfters gehört und gelesen und ich kenne viele, die sich so eine Beziehung, so einen Zusammenhalt wünschen würden. Aber ich glaube, die Welt hat sich in diesem Bereich sehr stark geändert."

Helga und Karl gaben sich einen Kuss auf den Mund. „Maik", sagte Helga, „Karl und ich haben uns im 2. Weltkrieg kennengelernt. Wir waren noch ziemlich jung und ich wurde in einem Lazarett in Köln eingesetzt als Krankenpflegerin. Nach einem Angriff kam Karl schwer verletzt ins Krankenhaus. Seine Überlebenschance war gleich null."

Jetzt unterbrach Karl seine Frau Helga: „Und trotzdem war Helga die ganze Nacht an meiner Seite." Helga nickte Karl zu und übernahm das Gespräch wieder. „Ja, die ganze Nacht saß ich neben ihm und habe dem armen Kerl die Stirn abgetupft, Verband gewechselt und ihn am Leben erhalten."

Im Krieg haben wir uns aus den Augen verloren. Wir wurden immer wieder versetzt. Und nach dem Krieg hat Karl mich in ganz Deutschland gesucht, über das Deutsche Rote Kreuz und all die Mittel, die ihm zur Verfügung standen." Karl saß jetzt ganz aufrecht und strahlte noch mehr. Liebevoll sah er seine Frau Helga an und sprach dabei ohne einen Blick von Helga zu lassen. „Maik, ich wollte diese Frau wiedersehen, die mich am Leben erhalten hat. Sie ging mir nicht mehr aus meinem Kopf. Als ich sie gefunden hatte, wusste ich, ich werde alles tun, damit sie bei mir bleibt. Die Zeit hat uns geprägt.

Unsere Beziehung war und ist immer auf gleicher Augenhöhe."

„Toll", sagte ich und fuhr fort, „Karl, Helga, danke, danke, dass ihr mir eure Geschichte erzählt habt. Ich werde euch die Koffer hineintragen und wenn ihr mal ein Taxi oder eine andere Hilfe braucht, bitte, bitte, lasst es mich wissen. Es wäre mir eine Freude euch fahren oder helfen zu dürfen." Gesagt getan. Ich trug ihre Sachen ins Haus, verabschiedete mich nochmal, stieg in das Taxi und hörte, dass die Zentrale schon die nächste Fahrt für mich hatte.

Die beiden, Helga und Karl, sind mir bis heute im Gedächtnis und in meinem Herzen geblieben. Wünschen wir uns nicht alle so eine tolle Beziehung …?

INGA WERNER

1979 bin ich im schönen Münsterland geboren und lebe hier meine Berufung als selbstständige NLP-Coachin und Trainerin für Kommunikation, Führungskräfte- und Persönlichkeitsentwicklung. Als „Empathin" liebe ich die Kraft der Worte, die Menschen berühren und verbinden.
Mit sich selbst und anderen, beruflich und privat.

Auf meiner Website findest Du weitere Informationen zu mir und meinem Tun, sowie ein Kontaktformular für eine positive Verbindung.
Ich freue mich Dich kennenzulernen!

Kontaktiere mich gerne!

Email: info@inga-werner.de

Website: www.inga-werner.de

WORTGESCHENKE – DIE MAGIE DER WORTE

Geschichte 17 – Autorin: Inga Werner

„Wenn Worte mich so tief bewegen, mein Herz berühren, ein Lächeln in mein Gesicht zaubern, die Gänsehaut sichtbar wird und mir neue Kraft und Antrieb verleihen können, dann soll diese Magie auch andere Menschen verzaubern."

Schon als Teenager gehörten „Worte, die das Herz berühren" auf meine Bestseller-Geschenkeliste. Aus tiefstem Herzen schrieb ich die Zeilen. Zum Trost, als Liebesbekundung, zur Aufmunterung oder als Dankeschön bekamen wundervolle Menschen „Wortgeschenke".

Bis ich selbst in der schlimmsten Krise meines Lebens steckte und die positiven Gedanken scheinbar verschluckt wurden von dunkelgrauen Wolken. „Wo waren sie hin? Meine positiven Gedanken und liebevollen Worte? Wie ausradiert waren sie hinfort!"

Es schien, als kam die Erkenntnis über Nacht, denn ich sollte mich selbst einmal fragen:

„Was bedeuten Wortgeschenke und die Magie der Worte denn für MICH?"

So dachte ich intensiv darüber nach und kam zu folgender heilsamen Erkenntnis:
„Auf wundersame Weise wirken Wortgeschenke tief in DIR und MIR. Sie lassen uns wachsen, schenken uns Pflaster auf Herz und Seele. Berühren auf liebevolle Weise Bedürfnisse und streicheln all unsere Emotionen.

Wortgeschenke wirken heilsam, sind liebevoll und wertschätzend, aus tiefster Überzeugung an DICH und MICH gerichtet. Mit dem Ziel, UNS zu nähren. Im Geben und Nehmen. Sie entstehen aus unseren Gedanken und Erfahrungen. Gekleidet in Worten spiegeln sie unser Inneres. Wie eine warme Energiedusche, die UNS umhüllt, wie ein leuchtender Wasserfall. Wortgeschenke bringen UNSER Strahlen zum Leuchten.

Eine Leichtigkeit, die imaginäre Flügel verleiht und uns trägt. Einfach magisch. Tränen der Rührung und tiefen Dankbarkeit oder der Erleichterung können die Wirkung sein."

Kennst auch Du solche Worte, die Dich womöglich einen Augenblick innehalten lassen? Die Gefühle, die sie in Dir auslösen und Du vielleicht in einem Moment des Zweifels auch nur schwer annehmen kannst? Wenn Worte von Herz zu Herz oder zu Dir selbst, in tiefer Aufrichtigkeit in einem wunderschönen, glitzernden Geschenkpapier und einer Seidenschleife gesprochen werden, entfalten Wortgeschenke ihre Magie. Sie treffen uns ohne die Möglichkeit der Eigenkontrolle wie von Zauberhand, wie ein Blitz.

Die Magie von Wortgeschenken – für DICH und MICH!

Und JA! Wir dürfen es zulassen, so ein wertvolles Geschenk für uns anzunehmen. Weil WIR es wert sind. Doch welch wundersamen Worte sind gemeint, die eine Explosion an Glücksgefühlen in uns auslösen können? Uns magisch verzaubern?

„DANKE", „GUT GEMACHT", „DU BIST WERTVOLL", „SCHÖN, DASS ES DICHT GIBT!" können schon sehr magisch wirken.

Es sind auch Worte, die überraschend kommen. In Momenten der tiefen Verbundenheit mit unseren Sehnsüchten, Bedürfnissen und die unsere Seele spiegeln. Jeder kann lernen, Wortgeschenke zu geben und anzunehmen. Lasse dazu Deine Gedanken und Worte fließen.

Auch Wortgeschenke an MICH selbst zu richten ist genauso wichtig, denn in Zeiten von „grauen Wolken" ist keiner so nah an mir dran, wie ich selbst. Wenn wir sie nur regelmäßig wiederholen, können aus den Gedanken Gefühle entstehen.

Und eines kann ich versprechen – es ist wunderschön.

So lade ich auch Dich ein, die Magie für DICH selbst zu spüren, indem Du Dir bewusst selbst „Wortgeschenke" machst. Nimm Dir einen Moment der Ruhe und richte Deine Aufmerksamkeit auf Dich und verbinde Dich mit Dir selbst. So habe ich es auch gemacht. Atme dreimal ganz tief ein und aus und lasse die Wortgeschenke an DICH wirken.

„Ich bin ein wertvoller Mensch, genauso wie ich bin. Mit allen Facetten meines Seins bin ich perfekt. Ich darf mich genauso zeigen, wie ich bin - immer! - Wer mich in meiner wundervollen Ganzheit wirklich sieht, wird den wertvollen Diamanten in mir erkennen. Alle anderen dürfen weiterziehen. - Ich gebe jeden Tag mein Bestes, mit allem, was mir gerade möglich ist. Ich bin dankbar für alles und darf mir täglich Zeit und Raum schaffen für meine persönlichen Bedürfnisse. Ich bin es wert, dass ich stets gut auf mich selbst achte. Ich bin mir mein bester Freund auf meinem Weg. Ich brauche mich nicht immer zu beeilen – ich darf auch mal verweilen. - Ich habe das Beste verdient, was mir das Leben schenken kann."

(Natürlich dürfen es auch andere Sätze sein)

Mein Name ist Inga Werner aus dem schönen Münsterland und wünsche Dir von Herzen tägliche Wortgeschenke und dass Du die Magie der Worte fühlst und weiter versprühst.

VERENA SCHMITZ

Verena Schmitz ist LinkedIn Strategin, Unternehmerin & rheinische Frohnatur.
Authentisch ist das neue Perfekt - mit diesem Motto und einer großen Portion "kölsche Humor" revolutioniert sie authentisches und nachhaltiges LinkedIn Marketing. Dafür wurde sie bereits mehrfach ausgezeichnet.

Verena unterstützt Selbstständige und Unternehmen mit LinkedIn sichtbar & bekannt zu werden. Sie bietet Beratungen und LinkedIn Marketing Outsourcing an, mit dem sie und ihr Team z.B. Content Erstellung für Kunden übernehmen.

Kontaktieren Sie mich gerne!

Email: info@verenaschmitz.com

<<< Website: www.verenaschmitz.com

LinkedIn: https://www.linkedin.com/in/verenaschmitz

SICHERHEIT -
REINE ILLUSION ODER WIRKLICHKEIT?

Geschichte 18 – Autorin: Verena Schmitz

 Achtung, diese Geschichte beruht auf einer wahren Begebenheit. Lesen auf eigene Gefahr.

Ich möchte dir gerne von Verena erzählen, ein sehr zielstrebiges, lebensfrohes und oft trauriges Mädchen. In der Schule war sie von extremer Unsicherheit und Angst geplagt.

Ihr ganzes Leben war schon immer von dem Ziel: „Sicherheit" geprägt.

Kein Wunder, sie hat es ja nie anders gelernt. Verena wuchs in ärmlichen Verhältnissen auf, in einer Welt, in der nichts möglich war. Sicherheit war jeden Tag Thema. Ihre Eltern trennten sich kurz nach ihrer Geburt. Danach lebte sie zeitweise mit ihrer alleinerziehenden Mutter im Wohnwagen. Ihr Leben war die meiste Zeit ein Kampf. Mit ca. 12 Jahren haute sie das erste Mal von zuhause ab. Mit 15 hatte sie ihren ersten Nebenjob. Mit 17 Jahren, während der Schulzeit, zog sie bereits in ihre eigene Wohnung.

Schon immer hatte sie sich gefragt, warum das Leben bei anderen so viel anders und leichter schien. Sie beschloss aus diesem Leben auszubrechen und anders zu leben als ihre Familie. Sie hatte Träume. Gewisse Leitsätze begleiteten sie täglich auf ihrer Mission: „Nur durch harte Arbeit entsteht Erfolg" und „erst durch Erfolg im Job und mehr Geld ist man sicher". Zu diesem Zeitpunkt wusste sie noch nicht, dass sie sich bereits auf einer langen Reise zu sich selbst befand. Und die ewige Suche nach Sicherheit und Sinn. Nichts, was unsicher erschien, kam für sie in Frage, obwohl sie schon sehr früh gelernt hatte selbstständig zu sein.

Sie konnte es kaum abwarten nach ihrem Schulabschluss endlich zu arbeiten. Studium oder Abi war für sie sowieso nicht möglich. Sie startete eine Ausbildung als Sport- und Fitnesskauffrau.
Es folgten die 3 schlimmsten Jahre ihres Lebens. Ein cholerisch-narzisstischer Chef. 7 Tage die Woche mit Bauchschmerzen durcharbeiten. Nebenbei war sie noch putzen, leitete Fitness-Kurse und lernte für die Schule. Mit 21 Jahren war sie das erste Mal bei einer Psychologin. Trotzdem bestand sie ihre Abschlussprüfung mit Bravour. Nach der Ausbildung wechselte sie in den Vertrieb. Sie gab alles, um durch die Zeitarbeit als Quereinsteigerin einen unbefristeten Vertrag zu erhalten. Das funktionierte bereits nach 3 Monaten. Ihre damalige Chefin war so begeistert von ihrer außergewöhnlichen Zielstrebigkeit und konsequent-hartnäckigen Art, sodass sie für Verena extra eine neue Stelle schuf, um sie unbefristet einzustellen.

Es folgten 8 Jahre Vertrieb in 2 Firmen und mindestens 6 davon waren zu viel. 6 Jahre, die sie aushielt mit Mobbing, Bossing, Narzissmus, unbezahlten Überstunden.
Lebenszeit, in der sie alles gab für den Erfolg der anderen, für Wertschätzung und Anerkennung. Nebenbei war sie seit der Ausbildung noch 8 Jahre selbstständig als Trainerin. Wegen den vielen schlechten Erfahrungen im Angestelltenverhältnis war ihr neues großes Ziel die Selbstständigkeit. Mehrere Jahre formte sie ihre Vision, lernte und investierte in sich selbst und Persönlichkeitsentwicklung. Sie wurde mutiger und selbstbewusster. Im Vertrieb wurde es mit dem Mobbing immer schlimmer. Am liebsten hätte sie längst gekündigt.

Ihr Ziel war, so schnell wie möglich ein Business neben ihrem Full-Time Vertriebsjob aufzubauen und dann zu kündigen. Sie war zusätzlich noch putzen, um ihre Selbstständigkeit zu finanzieren, damit es irgendwie schneller geht. Ein Teufelskreis.

Warum machte sie das so lange? Sicherheit.

Sie hatte seit Jahren einen unbefristeten Vertrag. Sie dachte, sie wäre sicher. Mit 29 Jahren kam die fristlose Kündigung (ohne Grund) per Post. Von heute auf morgen war die Sicherheit verpufft. Nach dem ersten Schock. Ein Segen!

Das Beste, was ihr in 29 Lebensjahren passieren konnte. Raus aus dem Teufelskreis. Sie ließ alle Jobs los und startete im schlechtesten Moment mit 0€, Schulden und ohne Sicherheit in ihre hauptberufliche Selbstständigkeit. Zum ersten Mal hatte sie Zeit & Fokus für eine Sache, die SIE wirklich wollte, die sie nur für sich selbst machte, statt für andere.

Nach nur wenigen Monaten hatte sie ein erfolgreiches online Business aufgebaut, das auch heute nach über 4 Jahren noch lebt und mit dem sie hunderte Menschen unterstützt ihre Ziele zu erreichen. Im Onlinemarketing auf der Business-Plattform LinkedIn. Sie fand sich selbst. Die Kündigung war ihre Erlösung.

Die Erlösung von ihrem Glaubenssatz: „Nur so bin ich sicher. Durch meinen Job und den Erfolg im Außen bin ich sicher." Eine Illusion.

Sicherheit entsteht im Innen. Es ist egal, ob angestellt oder selbstständig, nichts ist sicher, es sei denn, wir machen es dazu. Sicherheit ist eine Entscheidung. Es ist das, was DU daraus machst.

Warum erzähle ich dir ausgerechnet diese Geschichte? Weil wir alle sicherheitsgesteuert sind. Wir haben es so gelernt. Glaubenssätze, die uns aufhalten unseren Träumen zu folgen. Zwischen einem Leben mit Kampf und ohne Möglichkeiten, in das ich reingeboren wurde, und einem erfüllten Leben stand nur mein Mindset. Meine eigenen Glaubenssätze, Überzeugungen, Gedanken und Ängste. Wir haben es immer selbst in der Hand.

Geh deinen Weg. Folge deinen Zielen und Träumen. Egal ob Angestelltenverhältnis oder Selbstständigkeit. Warte keine 6 Jahre auf den besten Moment, so wie ich.

Der beste Moment ist immer JETZT. Werde im Innen sicher. Durch innere Sicherheit entsteht Selbstbestimmung. Wenn du im Innen sicher bist, ist es egal, was im Außen passiert. Erst wenn du im Innen sicher bist, entsteht Sicherheit im Außen! Alles entsteht von innen nach außen.

YAPÁC MANUEL KUNZE

Ich bin gelernter Jugend- und Heimerzieher, Schauspieler, Theaterpädagoge und Trainer für souveränen Auftritt.

Amelie Arden und Weltklasse miteinander lernte ich zufällig im Mai letzten Jahres auf LinkedIn kennen. Und Amelie inspirierte mich meine eigene Geschichte zu schreiben und begeisterte mich für ihre Vision von „Weltklasse Miteinander".

Und so fing ich nach jahrelanger Pause wieder mit dem Schreiben an, das ich als Jugendlicher begonnen hatte und freue mich sehr Teil ihrer „Pioniere" zu sein.

Kontaktieren Sie mich gerne!

Email: info@yapacmanuelkunze.com

LinkedIn: https://www.linkedin.com/in/yapacmanuelkunze/

BEING ANDY WARHOL – ODER – WIE GEHEN WIR MIT „ENTTÄUSCHUNGEN" UM

Geschichte 19 – Autor: Yapác Manuel Kunze

Eigentlich wollte ich Euch hier ausführlich von meiner Rolle als Andy Warhol als Teil einer tollen Werbefilmproduktion erzählen, aber so wie das Leben spielt, kann ich Euch leider nicht mehr erzählen.

Und ich darf Euch aus rechtlichen Gründen bedauerlicherweise auch nicht sagen, in welcher schönen Kleinstadt gedreht wurde und an meinen schönen Erlebnissen teilhaben lassen. Denn, wie ich vor einigen Tagen sehr überraschend erfahren habe, wurde das gesamte Filmprojekt leider im Nachhinein gecancelt. Bedauerlicherweise bekomme ich nun auch kein Filmmaterial für mein Portfolio, da die Nachbearbeitung des Filmmaterials gar nicht erst stattgefunden hat.
Natürlich fühlte ich mich enttäuscht und unzufrieden.

Aber warum fühlen wir Menschen uns eigentlich so oft „enttäuscht" und was hilft uns generell „Enttäuschungen" zu überwinden, mit ihnen konstruktiver umzugehen?

Schauen wir uns doch dazu mal das Wort „Enttäuschung" genauer an.
Es besteht aus den Wortsilben Ent - und täuschung also das Wegnehmen der Täuschung.
Um welche „Täuschung" könnte es sich handeln?

Also, nochmal ganz zurück zu meinem Dreherlebnis. Der Dreh fand Ende Juli in einem kleinen, schmucken Städtchen in der Nähe des Bodensees statt. Ich reiste in der 1. Klasse an, alles war super organisiert worden von der Werbeproduktionsfirma, bei der ich mich als Darsteller für Andy Warhol beworben hatte. Am Bahnhof, an dem ich an einem sehr heißen Tag ankam, wartete der Assistent des Produzenten auf mich und fuhr mich direkt zum Drehort. Unser Lager für den Dreh schlugen wir in einem exklusiven Ruderclub mit direkter Lage zum See auf, es war eine wirklich traumhafte Kulisse.

Dort traf ich auf den Produzenten, der einen herzlichen und sympathischen Eindruck auf mich machte und auch auf die andern Crewmitglieder. Ich fühlte mich sofort wohl in der neuen Umgebung und wurde von allen Crewmitgliedern herzlich aufgenommen. Wir drehten verschiedene kleine Clips für das Stadtmarketing der besagten Stadt an verschiedenen Drehorten.

Es ging um das Thema "Große Maler unserer Zeit" und da waren Frida Kahlo, Salvador Dalí, Pablo Picasso und ich durfte Andy Warhol spielen. Eine der Schlüsselszenen unseres Drehs waren Nahaufnahmen der verschiedenen Maler direkt vor ihren Staffeleien am See aus unterschiedlichen Perspektiven. Und ein ganz persönliches Highlight für mich bestand darin, dass ich im See schwimmen konnte nach getaner Arbeit. Das habe ich sehr genossen!

Wir drehten kurze Szenen in der Innenstadt, in einem Restaurant, in einer Wassertretstelle, auf einem beeindruckend großen, sehr noblen und schönen Golfplatz, bei einer Zusammenkunft einer Narrenzunft in lauter, feuchtfröhlicher Atmosphäre, in einem Waldstück und bei dem allem hatte ich großen Spaß! Schließlich saßen wir gemeinsam am Ende des intensiven Drehtages am See und genossen das erstklassige Catering und später aßen wir noch eine Pizza. Ich fühlte mich rundum wohl als Teil der Filmcrew.

Also, ich könnte hier noch endlos weitere Details von diesem Dreherlebnis erzählen, aber zurück zum Thema "Enttäuschung". Offensichtlich hatte ich ja eine tolle Zeit während des Drehs und an den verschiedenen Drehorten.

Warum war ich also enttäuscht?

Ich habe lange darüber nachgedacht, bis ich da draufkam. Ich hatte eine Erwartungshaltung, die nicht erfüllt wurde und was war diese Erwartung? Meine Erwartung war, dass ich noch Filmmaterial für mein Portfolio als Darsteller bekommen würde. Und diese Erwartung wurde leider nicht erfüllt.

Aber ist das ein Grund sich deswegen unglücklich zu fühlen?
Nein, denn ich hatte wirklich eine aufregende und tolle Zeit beim Dreh, mit schönen Begegnungen am Set und wenn ich die Bilder vom Filmset im Nachhinein anschaue, sehe ich einfach nur sehr glücklich aus!

Gibt es wirklich einen Grund unzufrieden zu sein, nach diesem tollen Erlebnis?
Offensichtlich nein. Aber warum sind wir immer wieder enttäuscht vom Leben oder von anderen Menschen? Weil wir oft unbewusst eine Erwartungshaltung haben und an ihr festhalten und wenn unsere Erwartung dann nicht erfüllt wird, machen wir das Leben oder andere Menschen für unsere Unzufriedenheit verantwortlich.

Aber ist das wirklich ein Grund sich unzufrieden zu fühlen?

Ich glaube nein, wir können lernen das Leben in allen Facetten anzunehmen in Hochs und Tiefs, am Tag und in der Nacht. Und wir können lernen mit weniger Erwartungen durch unser Leben zu gehen.

Wir alle sind Schöpfer unseres eigenen Lebens, die meisten sind sich wohl dessen nicht bewusst. Wie wäre es, wenn wir alle anfangen würden, unser Leben ein wenig bewusster zu führen und einfach mehr das zu tun, was uns wirklich Freude macht, unser Herz zum Lachen bringt und uns glücklich macht?

VERENA ARDEN

Hallo, ich bin die Tochter von Amelie Arden und ich schreibe schon seit der Volksschule. Meine Berufung habe ich in der Arbeit mit Menschen gefunden.

In meinem Leben habe ich schon höchste Gipfel erklommen und tiefste Täler durchquert. Für mich spielt der Glaube eine große Rolle, ich glaube an den Gott aus der Bibel und an seinen Sohn Jesus Christus.

Kontaktieren Sie mich gerne!

Email: arden.verena@gmail.com

DIE EINFACHHEIT SCHAUT VORBEI

Geschichte 20 – Autorin: Verena Arden

 Guten Morgen, Einfachheit, ich darf heute den Tag mit Dir verbringen. Danke, dass Du mich besuchst.

Weißt Du, in den letzten Tagen war alles sehr schwer für mich. Jede Aufgabe des Tages fühlte sich zu viel an. Und mit dieser Schwere kam auch Traurigkeit, das Gefühl von Einsamkeit. Und heute stehst Du unerwartet vor der Türe. Manchmal ist es nicht leicht, zu verstehen.

Guten Morgen, Kleine Prinzessin, schön, dass Du schon wach bist.
Heute bin ich für Dich da.
Heute wird mal alles einfach sein:
Einfach Aufstehen
Einfaches Morgenritual
Einfach Kochen
Einfach Arbeiten
Einfache Freizeitgestaltung
Einfach Einschlafen
Wie klingt das?

Das klingt nach dieser schweren Phase sehr entspannt und angenehm, Danke Einfachheit.

Nun drängt sich mir die Frage auf: Warum bleibst Du nie für immer bei mir?

Haha, eine süße Frage, Kleine Prinzessin. Überleg doch mal, wäre ich jeden einzelnen Tag bei Dir, wenn jeder einzelne Tag "einfach" wäre und nichts wäre je "schwer", gäbe es mich dann überhaupt?

Wenn es keinen anderen Zustand gäbe als einfach, leicht, luftig, fliegend, fließend, würdest Du mich dann überhaupt noch erkennen? Wenn Du mein Gegenteil nicht kennst, kannst Du mich anerkennen? Ach, Einfachheit, ich höre, was Du sagst und da Du gerade bei mir bist, kann ich es auch verstehen und annehmen. Aber wer erklärt das der schweren Kleinen Prinzessin, die ich manchmal bin, die alles vergisst, sogar sich selbst und vor allen Dingen auch meine Liebe zu mir selbst. Wie kann ich das einfach vergessen?

Auch wenn es Dir vielleicht so vorkommt, Kleine Prinzessin, hast Du noch NIE ALLES vergessen:
Du weißt, dass Du ein Kind Gottes bist.
Du weißt, dass Du geliebt bist.
Du weißt, dass Du wertvoll bist.
Du hast nicht in jedem Moment danach gehandelt, aber in deinem Herzen hast du das ALLES IMMER gewusst.
Danke, Einfachheit, fürs Erinnern.
Ähm, darf ich fragen, wie lange Du diesmal vorhast, zu bleiben?

Klar, Du kannst einfach fragen, aber die Antwort kennst Du selbst und wenn Du aufgepasst und verstanden hast, sollte sie Dich auch nicht traurig machen. Willst Du mir sagen, ich darf mich auf die Schwere freuen? Einen denkbar unerwünschten Zustand?
Haha, Du hast Recht, das ist voll viel verlangt. Freuen vielleicht nicht, Kleine Prinzessin, aber Du darfst uns beide Zustände gleichermaßen annehmen und akzeptieren.
Wir sind gleichwertig und Du hast auch immer gleich viel Wert, egal, wer von uns beiden gerade dein Leben beeinflusst. Und ich weiß, dass Du das weißt.
Danke, Einfachheit, ich glaube Dir. Und ich freue mich trotzdem, dass Du wieder da bist.

Ich freue mich auch, Kleine Prinzessin.

DEIN LEBEN ALS HOLLYWOODFILM

Geschichte 21 – Autorin: Amelie Arden

Früher bin ich ins Kino gegangen und dachte, wer denkt sich sowas aus?
Nun weiß ich, die spannendsten Geschichten spielen sich ab im eigenen Haus.
In Filmen geben wir den Heldinnen und Helden Applaus.
Im eigenen Leben löschen wir unsere Träume einfach aus.
Wie ist ein Hollywoodfilm aufgebaut,
den man sich doch so gern im Kino anschaut?

Es gibt das Gute, das Böse und ein Happy End.
Im besten Fall Schauspieler, die jeder kennt.
Am Ende wird alles gut und wenn es noch nicht gut ist, ist es noch nicht das Ende.
Ich bin sicher, wir können nur selbst herbeiführen zum Guten diese Wende.
Die Traumrolle im eigenen Leben zu finden,
lässt dich mit der Heldin, dem Helden in dir selbst verbinden.
Wenn ein Hollywoodfilm wäre dein Leben,
welchen Titel würdest du ihm geben?

Wäre er ein Liebesfilm oder ein Action-Thriller?
Gäbe es ein Happy End oder gewänne am Ende doch der Killer?
Fange an, dein eigenes Lebens-Drehbuch zu durchschauen,
beginne es gleich in einen traumhaften Hollywoodfilm umzubauen.
Oder brauchst du vorher, wie im Film, „Das Beste kommt zum Schluss"
eine Krankheit, dass du verstehst, dass man zum Besseren etwas ändern muss?
Auch ohne Querschnittslähmung ziemlich beste Freundschaften einzugehen,
lässt Gemeinsames über soziale Schichten und Kulturen hinweg entstehen.

Oft sind Menschen am Ende des Lebens allein,
weil sie sich nicht die Zeit genommen haben, für ihre Freunde da zu sein.
Wir das Murmeltier täglich grüßen lassen,
bevor wir unseren verpfuschten Arbeitsalltag verlassen.
Wenn wir im Hamsterrad sind gefangen,
können wir nur mit einem klaren Schritt heraus in die Freiheit gelangen.
Aber bin ich wirklich bereit, die Konsequenzen, die Freiheit fordert, zu tragen?
Muss man sich beim Film „Jenseits von Afrika" fragen.

Habe ich den Mut, mich für diese Freiheit auf einen hohen Preis einzulassen?
Auch wenn es bedeutet, alles, was mir am Herzen liegt, loszulassen?
Im Film „Der Rosenkrieg" große Liebe in Hass umschlägt,
Vergeltung statt Verzeihen den Konflikt dann prägt.
Wer hat nicht schon davon gehört oder es sogar selbst erlebt?
„Er nimmt das Auto, sie die Möbel, den Rest teilen sich die Anwälte", so wird erzählt.
In einem meiner Lieblingsfilme „Die Brücken am Fluss"
man sich über das Zusammenspiel von Ehe und Liebe den Kopf zerbrechen muss.

Was kann man beitragen, dass Liebe auch jahrelangen Alltag überdauert,
wenn in heutigen Zeiten oft leichte Zerstreuung und Verführung lauert?
Von Tabubrüchen wird auch im Film „Die Dornenvögel" erzählt,
in dem sich ein Priester heimlich eine schöne Frau erwählt.
Das Zölibat, eine umstrittene Erfindung des Katholizismus,
wird hier durch Liebe zum schmerzlichen Zynismus.
„Hectors Reise oder die Suche nach Glück",
ja der Wegweiser zeigt immer auf uns selbst zurück.

Auch Paulo Coelhos Geschichte „Der Alchimist",
die die eigene innere Haltung als das größte Hindernis bemisst.
Im Film „Die Herbstzeitlosen" macht Martha mit ihren Dessous das Dorf zum Sündenpfuhl.
Das finden die Menschen im kleinen Schweizer Bergdorf gar nicht cool.
Was wir aus diesem Film für unser eigenes Lebensdrehbuch lernen können?
Gib niemals auf, dir deinen eigenen Traum zu gönnen.
Das Seniorenalter der Hauptdarstellerin zeigt: Es ist nie zu spät!
Auch wenn man in den Fängen des Alltags oft auf Abwege gerät.

Welchen Lebenstraum hast du im Laufe der Zeit aufgegeben?
Wie könntest du ihn mit ein wenig Mut und dem Feuer der Begeisterung wiederbeleben?
Die Beispiele für Lebensthemen in Filmen sind reichhaltig.
Das wahre Leben hingegen passiert gleichzeitig.
Wir hörten von Freiheit, Tabus, Liebe und Glück.
Nun – kehren wir doch zu unserem eigenen Lebensfilm zurück.
Also nochmal, wenn wir beginnen unsere eigenen Themen zu durchschauen,
würde sogar Steven Spielberg einen grandiosen Film daraus bauen.

DANKE AN KERSTIN SCHERER

Ich möchte einen herzlichen Dank an meine spirituelle Lehrerin, Kerstin Scherer, aussprechen, die mich auf meiner Reise begleitet hat. Von ihr habe ich unglaublich viel gelernt.

Kerstin zeigt auf beeindruckende Weise, dass Spiritualität und Business sich nicht ausschließen, sondern harmonisch miteinander vereinbar sind. Die Teilnahme an Kerstin Scherers Meisterklasse war für mich eine unvergleichliche Erfahrung. Obwohl ich noch gelegentlich in alte Verhaltensmuster zurückfalle, habe ich nun Wege kennengelernt, um schnell wieder herauszufinden.

Kerstins Buch „Erwacht – Von der unbedingten Erreichbarkeit des Glücks" hat mich zutiefst beeindruckt und berührt. Es ist eine außergewöhnliche Ehre für uns, dass ein Bild von der spirituellen Hochzeit meines Mannes und mir unter dem Titel „Liebe" einen wundervollen Platz darin gefunden hat.

GIB DICH GANZ

Danke an Kerstin Scherer

Kein 1. Aprilscherz.
Meine innere Transformation beginnt am ersten Tag nach dem März.
Das Oster-Retreat mit Kerstin Scherer online startet.
In mir viel unaufgeklärte Last auf Auflösung wartet.
Erstaunlich, was sich so alles zeigt,
wenn man den Blick nach Innen neigt.

Äußere Zeichen als Impulse genutzt,
wirken dann innerlich wie ein Frühjahrsputz.
Es ist wohl kein Zufall, dass das Retreat am Karfreitag beginnt,
wo man sich auf Tod und Auferstehung besinnt.
Der erste Impuls in einem zufällig aufgeschlagenen Buch gefunden,
legt den Finger gleich in offene Wunden.

"Der Trost liegt im Tun", diese Worte ich mit dem Finger antippe.
Sie machen wohl klar, ich muss sie selbst TUN die ersten Schritte.
Wo hab ich mich überschätzt? Wo war ich angebunden?
Wo hab ich mir zugefügt so manch tiefe Wunden?
Kerstin begleitet mich hinein in diesen Schmerz,
die Tränen beginnen zu fließen aus den Augen und dem Herz.

Die Gruppe wird aufgefordert, mit dem Blick auf meinem Gesicht zu verweilen
und im Chat das zu Sehende aufzuschreiben.
Die Worte lassen meine Tränen von Trauer in Freude wandeln
und geben mir ganz viel Mut zum NOTwendigen Handeln.

"Güte - Berührbarkeit - ganz viel Liebe – Erleichterung - Frieden - Mut"
Ja diese Worte tun meiner Seele gut.
Seither es jeden Mittwochabend weitergeht,
wo "The Spirit - Online Revolution - bei Kerstin Scherer", als Fixpunkt im Kalender steht.
Heraus aus dem Dösen,
es beginnt mit einem Zitat von Bert Hellinger: „Leiden ist leichter als Lösen".

In der größten Schwäche, die größte Stärke ist vergraben
und lässt zu, einen anderen Blick auf die vergangenen Narben.
Die Ungeduld in Mut sich wandelt.
Da sind wir wieder dort. Es ist wichtig, dass man handelt.
Das nächste Sign ich mir mit der 9 ziehe: „Kein Lotus ohne Schlamm"
und bricht damit den nächsten Damm.

Schlamm ist nährend
und für den wunderbaren Lotus nicht entbehrend.
Dankbar ich nun bin für all den Mist,
weil durch den neuen Zugang er mich nicht mehr innerlich zerfrisst.
Es darf nun aus dem Schlamm der Lotus erblühen
und ich muss mich nicht mehr mit Üblem abmühen.
Den Weg der Freiheit beschreiten
und mit Leichtigkeit ins ALL EINS SEIN gleiten.

Gib dich ganz. Es ist ein Beginnen
mit all meinen Sinnen.

DANKE

 Am Ende noch ein herzliches Dankeschön.
Dankbarkeit ist ein wunderschöner Ausdruck der Wertschätzung.

Wir alle haben Menschen in unserem Leben, die uns auf unserem Weg begleiten und uns unterstützen. Für mich sind es die Menschen, die mir von Anfang an zur Seite standen und die ersten Schritte des Weltklasse Miteinander Verlages mit mir gegangen sind.

Ich möchte ihnen heute ein herzliches Dankeschön aussprechen und auf ihre wertvolle Arbeit aufmerksam machen. Es gibt so viele Personen, die einen Beitrag zum Erfolg bis hierher geleistet haben. Ein herzlicher Dank geht an alle, die ihr Wissen und ihre Leidenschaft in unsere Vision eingebracht haben.

Zusammen haben wir es geschafft, diese wunderbare Pionierausgabe zu veröffentlichen, die nicht nur inspirieren, sondern auch Veränderungen in der Welt bewirken kann. Ich möchte auch den Autorinnen und Autoren für ihren Mut danken, sich in ihren Geschichten zu zeigen, so wie sie sind. Eure authentischen Geschichten machen anderen Mut, ihre eigenen Visionen zu verwirklichen. Ich bin stolz, mit solch inspirierenden Personen zu arbeiten und freue mich auf weitere Erfolge in der Zukunft.

Es ist jedoch eine Person, die besonders hervorgehoben werden sollte: Mein Mann Peter. Ohne seine unermüdliche Unterstützung und Liebe wäre das alles nicht möglich gewesen. Er war immer ein Fels in der Brandung und ein wichtiger Teil des Erfolgs. Ich bin dankbar für all seine Hilfe und Unterstützung.

Schließlich möchte ich mich auch meinen Leserinnen und Lesern und allen Unterstützern unseres Verlages danken. Ohne euch alle wäre unser Erfolg nicht möglich gewesen. Ihr seid diejenigen, die unsere Bücher inspirieren und teilen, um eine positive Veränderung in der Welt zu bewirken. Wir werden weiterhin daran arbeiten, inspirierende und innovative Bücher zu veröffentlichen, um eine bessere Welt zu schaffen.

Ich danke allen, die es mit mir ermöglicht haben, dass dieses erste Weltklasse Miteinander Buch nun tatsächlich erscheinen konnte. Ich bin dankbar für die Menschen, die mein Leben bereichert haben und für ihre Unterstützung und Liebe. Unsere Weltklasse Miteinander Community ist ein Beweis dafür, dass wir gemeinsam Großes erreichen können. Wir werden weiterhin an einer besseren Zukunft arbeiten und dabei immer unsere Werte des Miteinanders und der Wertschätzung im Auge behalten.

Herzlich
Amelie Arden